Gabriele Hasmann / Ursula Hepp

SPUK
IN ÖSTERREICH

Unheimliche Orte und
mysteriöse Begegnungen

UEBERREUTER

Nun ist die Luft von solchem Spuk so voll,
daß niemand weiß, wie er ihn meiden soll.

Johann Wolfgang von Goethe
(Faust, der Tragödie zweiter Teil, 5. Akt)

Das säurefreie und alterungsbeständige Papier EOS liefert Salzer, St. Pölten
(hergestellt aus chlorfrei gebleichtem Zellstoff aus nachhaltiger Forstwirtschaft).

ISBN 978-3-8000-7524-9

Covergestaltung: Martin Gubo, www.studiogubo.at
Coverfoto: Ursula Hepp

Druck: Druckerei Theiss GmbH, A-9431 St. Stefan i. L.
7 6 5 4 3

Ueberreuter im Internet: www.ueberreuter.at

INHALT

VORWORT

Nach erfolgreicher Zusammenarbeit für die Bücher »Geisterjäger – Auf den Spuren des Übersinnlichen« und »Hexen, Heiler und Dämonen – Geheimnisvolle Orte und magische Menschen in Österreich« (beide Verlag Ueberreuter) sind Uschi Hepp und ich ein weiteres Mal herumgereist, haben seltsame Begebenheiten aufgespürt, Orte mit tragischen Geschichten besucht und mit »Augenzeugen« gesprochen, denen die Geister der Vergangenheit begegnet sind …

Und wieder sind wir dabei auf Mysteriöses, Unerklärliches und Unfassbares gestoßen.

Ob ein Tor in die Vergangenheit, eine jährlich wiederkehrende Wasserlache oder eine ohrfeigende Geisternonne – in Österreich gibt es »mehr zwischen Himmel und Erde«, als man zu denken wagt.

Auch dieses Mal funktionierte die Arbeitsaufteilung zwischen Uschi und mir wieder wunderbar: Gemeinsam haben wir aus allen Spukorten die interessantesten ausgewählt. Uschi hat die Befragung der Augenzeugen übernommen und fotografiert. Ich selber habe Hintergründe recherchiert, ebenfalls Interviews geführt, die Puzzleteile zusammengefügt und alles niedergeschrieben.

Und als waschechtes Schwefelkind freue ich mich besonders, dass es auch in meiner Heimatstadt Baden spukt und ich die dazugehörige Geschichte zu diesem Buch beitragen konnte.

Wer an Geister glaubt, dem begegnen sie auch! In diesem Sinne …
Ihre Gabi Hasmann
g.hasmann@kabsi.at, www.wunschtext.at

Seit über 20 Jahren beschäftige ich mich nun schon mit paranormalen Phänomenen und untersuche die berüchtigtesten Spukorte in Europa. Bei der Arbeit an dem vorliegenden Buch wollte ich die Gelegenheit nützen, einmal nur zuzuhören, wie verschiedenste Spukphänomene von den einzelnen Menschen wahrgenommen und erzählt werden. Ich empfand es als angenehm, diesmal nicht selber die Phänomene aufzeigen und schildern, hinterfragen und recherchieren zu müssen.

Es war für mich eine neue Erfahrung, mitzubekommen, wie sehr Wahrheit und Täuschung miteinander verschwimmen können, und genau das hat den Reiz ausgemacht.

Ob Schatten oder Gestalten im Spiegel oder Berührungen oder Stimmen – die Phänomene werden von jedem anders wahrgenommen, denn unser Gehirn setzt das um, was es kennt, und gibt dem dann wiederum eine Form. Haben die interviewten »Augenzeugen« also wirklich Erfahrung mit dem Übersinnlichen gemacht oder wurden sie Opfer einer Illusion?

Es ging uns jedenfalls nicht darum, die Geschichten wissenschaftlich zu erklären, sondern zum Nachdenken, Gruseln oder Schmunzeln anzuregen.

Die Tatsache, dass wir uns augenscheinlich »zwischen den Welten« befinden, möge unsere LeserInnen einen Schritt näher an das Unerklärliche heranführen – denn es befindet sich stets unter uns.

Spannendes Gruseln wünscht
Uschi Hepp
info@api.co.at, www.api.co.at

Wien

DER WURSTELPRATER

Ein betrunkener Zauberer im Spiegel / Der Onkel aus Amerika

Der etwa sechs Quadratkilometer große Prater in Wien ist eine in den Donauauen gelegene öffentliche Parkanlage in der Leopoldstadt, im 2. Bezirk, dessen Name erstmalig Ende des 12. Jahrhunderts auftauchte. Damals schenkte der Babenberger Herzog Friedrich I. von Österreich einen Teil der Aulandschaft einem adeligen Geschlecht namens »de Prato« (ital. »Flussaue«), deren Familienmitglieder sich später »Prater« nannten. Der jeweilige Landesfürst, die Stadt Wien und einige geistliche Institute besaßen ebenfalls Gründe auf dem weitläufigen Areal.

Ab dem Jahr 1564 wollte Kaiser Maximilian II. den Prater zur Jagd nutzen und umzäunte den gesamten Bezirk, wodurch der kaiserliche Forst entstand. Die heutige Praterstraße war damals die sogenannte Jägerzeile, auf der Maximilian 1569 für seine Jäger mehrere Häuschen »in einer Zeil« bauen ließ.

Kaiser Rudolf II. ließ 1592 verlautbaren: »Niemand soll in unserer Au, dem Prater, zur Sommer- oder Winterzeit gehen, fahren, reiten, hetzen, jagen oder fischen, ohne Willen des kaiserlichen Forstknechtes Hanns Bengel.« Und besagter Bengel nahm seinen Job wirklich ernst, er vertrieb sogar harmlose Naturfreunde, die ohne ausdrückliche Erlaubnis im Prater lustwandelten, und ging dabei nicht gerade zimperlich vor.

Unter Kaiser Karl VI. wurde das Verbot zu Beginn des 18. Jahrhunderts ein wenig gelockert. Nun durften zumindest Adelige Ausflüge in den grünen Prater unternehmen – allerdings war ihnen nur erlaubt, ihn per Kutsche zu durchfahren, das Aussteigen wurde ihnen strengstens untersagt.

Das Riesenrad im Wiener Prater, in Betrieb seit dem Jahr 1897

Der zu dieser Zeit mit der Aufsicht betreute Forstmeister Johann Franz Bernrieder, ein höflicher, zuvorkommender Mann, musste einmal das Hündchen der Erzherzogin und späteren Kaiserin Maria Theresia einfangen, als dieses aus der Kutsche gesprungen war. Er reichte das Tier in den Wagen hinauf und meinte: »Euer Gnaden sollten halt künftig vorsichtiger sein!« Maria Theresia war über diese Szene derart belustigt, dass sie noch viele Jahre später im vertrauten Kreis gern scherzhaft diesen Ausspruch zitierte.

Als Mitte des 18. Jahrhunderts ein Großteil des Kaiserlichen Jagdparks von Kaiser Joseph II. dem allgemeinen Volk »zur Belustigung« übergeben wurde, womit damals der Spaziergang gemeint war, stand in der Verlautbarung, dass

die allzu abgelegenen Ort und dicke Waldung, wegen sonst etwa zu besorgenden Unfugs und Missbrauch

von der Schenkung ausgenommen waren. Außerdem wurde verfügt,

daß niemanden bey solcher zu mehrerer Ergötzlichkeit des Publici allergnädigst verstattenden Freyheit sich gelusten lassen werde, eine Unfüglichkeit, oder sonstig unerlaubte Ausschweifungen zu unternehmen, und damit zu einem allerhöchsten Mißfallen Anlaß zu geben.

Am Tag der feierlichen Öffnung des Parks, am 7. April 1766, sind jedoch sogleich 102 Pärchen bei unzüchtigen Handlungen erwischt und daraufhin festgenommen worden, mehr als 2.000 Prostituierte boten in Seitenalleen ihre Dienste an. Es ist anzunehmen, dass dies auch in der Folgezeit immer wieder geschah – allerdings nur tagsüber, denn die Ausflügler durften nur bis Sonnenuntergang, und das auch nur im Sommer, durch den Prater spazieren. Danach wurde ein Eisengitter um die Grünanlage aufgezogen. Die spätabendliche Schließung des Parks wurde den Flanierenden durch drei Böllerschüsse angekündigt.

An diesem 7. April 1766 soll der Kaiser gebeten worden sein, sich unters »gemeine« Volk zu mischen, worauf er angeblich seufzend gesagt habe: »Wenn ich stets unter meinesgleichen herumwandeln wollte, dürfte ich nur in der kaiserlichen Gruft spazieren gehen.«

Im Jahr 1775 wurde das Gitter niedergerissen, Joseph II. erlaubte damit den Zugang zum Prater zu jeder Jahres-, Tages- und Nachtzeit.

1809 war der Prater Schauplatz des Koalitionskrieges mit dem Ziel der Beseitigung von Napoleons Vorherrschaft.

Gemeinhin und insbesondere von Wien-Touristen wird mit »Prater« meist nur das vergleichsweise kleine Areal des Vergnügungsparks gemeint, auch »Wurstelprater« genannt, das an der westlichen Spitze des Naturschutzgebietes liegt.

Seine Entstehung verdankt der Vergnügungspark angeblich dem

Taffern-Micherl, dessen früher Vorfahre Änother, ein gebürtiger Schweizer, am Hof des ersten deutschen Kaisers Karl des Großen lebte. Aufgrund seiner riesenhaften Gestalt auch »Einheer« genannt, der, so sagte man, mit nur einem Blick aus luftiger Höhe ein ganzes Heer in die Flucht schlagen konnte, stand der Hüne dem Kaiser unter anderem in den Kriegen gegen die Böhmen und Hunnen zur Seite.

Im Jahr 791, als Kaiser Karl gegen die Awaren zog, beschloss Änother, sesshaft zu werden, und zwar in Wien. Er pflanzte sich fort und langsam wurden aus Änother unter anderem die Familiennamen Ainöder und Ainöther.

Zu Beginn des 17. Jahrhunderts befand sich in der Wollzeile im Haus mit der Nummer 778 (heute Nummer 17) die Stadt-Tafferne, also die erste Weinschenke am Platz. Dort arbeitete ein 20-jähriger Schankbursche namens Michael Ainöther, ein Nachfahre des Riesen, der allerdings nur etwa 1,25 Meter maß, krumme Beine und einen Buckel hatte. Michael erfreute sich bei den Gästen großer Beliebtheit, da er seinen Dienst mit viel Freude und Aufmerksamkeit versah. Eines Tages kam dem Taffern-Micherl, wie der junge Mann genannt wurde, eine Idee, indem er eins und eins zusammenzählte: In ganz Wien gab es keinen öffentlichen Vergnügungsort, und die Menschen, so hatte er es beobachtet und aus Erzählungen erfahren, liebten es, in den Praterauen zu flanieren. Michael teilte diese Einschätzung mit den Gästen der Tafferne und äußerte den Wunsch, auf dem Platz am Ende der Jägerzeile ein Wirtshaus zu errichten. Einige der angesehensten Bürger Wiens, die sich oft in besagter Weinschenke aufhielten, beschlossen, dem jungen Burschen Geld zu leihen, damit er seinen Plan in die Tat umsetzen konnte. Durch rege Fürsprache der reichen Herren erhielt Michael vom Magistrat die Bewilligung und eröffnete sein Wirtshaus, eine einfache Holzhütte, am 1. Mai 1603. Über dem Eingang prangten folgende Verse:

> *Gott behuet dies Haus so lang, Bis ein Schneck die Welt umgang, Und ein Ameis dürst so sehr, Daß's austrinkt's ganze Meer.*

Bereits im Sommer desselben Jahres musste Michael das Lokal vergrößern, es wurde sogar eine Kegelbahn darin errichtet sowie eine Bühne, auf der arbeitslose Schauspieler Marionettentheater spielten. 1608 wich die Holzhütte einem schönen, steinernen Haus, in dem nach wie vor Bier, Wein, Cervelatwürste und Käse, aber auch bereits feinere Speisen für die angesehenen Bürgerfamilien serviert wurden. Der ehemalige Schankbursche wurde reich, heiratete und führte den Betrieb bis zu seinem Tod 1651. Das Praterwirtshaus fiel in andere Hände und daneben eröffneten schon bald diverse Unternehmer weitere Imbissstände und Buden mit Schaukeln, Karussellen, Schießbuden, Puppentheatern und anderen Belustigungen. Die Wiener liebten es besonders, auf bunt lackierten Pferdchen auf und ab und dabei im Kreis zu fahren und in luftiger Höhe mit Stangen in Ringe zu stechen – daher die Bezeichnung »Ringelspiel«.

Der Taffern-Micherl hat also den Wurstelprater entstehen lassen, seinen Namen verdankt der Vergnügungspark allerdings dem Hanswurst, einer Figur des Alt-Wiener Volkstheaters, geschaffen von dem Schauspieler, Puppenspieler und Theaterleiter Josef Anton Stranitzky (1676–1726), der auch als Zahnarzt praktizierte und daneben den Beruf des Weinhändlers ausübte. Stranitzkys Hanswurst war eine derbkomische Gestalt des Stegreiftheaters, Vorläufer dieser Figur finden sich bereits 1519 in Sebastian Brants »Narrenschiff«, wo der Hanswurst noch »hans myst« hieß, und ebenso bei Martin Luther, der 1541 die Schmähschrift »Wider Hans Worst« verfasste.

Der Hanswurst wurde, ebenso wie seine Kollegen, in der Zeit der Aufklärung Ende des 18. Jahrhunderts von den Brettern, die die Welt bedeuten, aus der Inneren Stadt vertrieben und fand im Prater ein neues Zuhause.

Bis heute haben sich im Wurstelprater zahlreiche Schaustell- und Unterhaltungsbetriebe angesiedelt, die jährlich Millionen von Menschen anlocken.

Ab 1896, kurz nach der ersten öffentlichen Aufführung von »lebenden Bildern«, entwickelte sich im Prater eine rege Kinoszene. Schon bald gab es fünf Schaubuden, vor denen Ausrufer standen, die die Laufkundschaft in die Vorführungen lockten.

1897 wurde in Vorbereitung zur Feier des 50. Thronjubiläums von Kaiser Franz Joseph I. 1898 das Riesenrad, damals das größte der Welt, heute neben dem Stephansdom das bekannteste Wahrzeichen Wiens, in Gang gesetzt, 1898 entstand die erste Märchen-Grottenbahn Europas im Prater und 1933 öffnete auf Parzelle 96 die erste Geisterbahn auf Erden ihre Pforten.

Nur selten erwähnt wird in der Geschichte des Praters das »Venedig in Wien«, die Illusionswelt der nachgebauten Lagunenstadt mit venezianischen Palazzi und Gondelfahrten, die sich zur Zeit der Jahrhundertwende auf dem Gelände der heutigen Kaiserwiese befand. Dort amüsierten sich damals nicht nur Damen und Herren der High Society, sondern auch böhmische Dienstmägde und Soldaten des österreichisch-ungarischen Vielvölkerstaates. Auf der Wiese konnte man zu jener Zeit außerdem Stierkämpfen, Damenboxen oder japanischen Ringkämpfen beiwohnen.

Ende des 19. und Anfang des 20. Jahrhunderts traten im Prater häufig Berühmtheiten auf wie die Dirigenten Strauß, Lanner und Zierer, die Sopranistin Maria Jeritza oder der Volksschauspieler Hans Moser, der eigentlich Johann Julier hieß.

Im Zweiten Weltkrieg wurde der Wurstelprater beinahe zur Gänze zerstört, nach dem Krieg jedoch relativ rasch wieder aufgebaut.

Der Vergnügungspark in den Donauauen von Wien war und ist eines der beliebtesten Ausflugsziele für Familien und Touristen.

1911 wurde dem Wurstelprater ein kleines Büchlein gewidmet, verfasst von Felix Salten und Emil Mayer. Darin heißt es:

> *Die Dienstmägde schieben ihre Kinderwagen, zu ihnen gesellen sich die Soldaten; die Müßiggänger schlendern, die Dirnen eilen; im langen Zug wandert der kleine Mann mit Weib und Kind und Kegel, tänzelt der Kommis, stampft der Student; zwischendurch schlüpfen die kleinen Buben, welche die Schule schwänzen … Allen entgegen dringt der Lärm des Wurstelpraters, und über dem Gewühl der Menge schlagen seine Wellen zusammen. Das Schreien der Ausrufer, gellendes Glockenklingeln, das Heulen der Werkel, schmetternde Fanfaren, dröhnende Paukenschläge.*

Doch der Prater kann nicht nur mit einer interessanten Historie aufwarten, er strotzt auch vor skurrilen wie gleichermaßen unheimlichen Geschichten.

Einem Trend aus dem fernen Ausland folgend wurden ab Mitte des 19. Jahrhunderts Abnormitäten-Shows veranstaltet und den schaulustigen Besuchern »Freaks« wie Haarmenschen, Fettleibige, siamesische Zwillinge und Menschen mit körperlichen Behinderungen – wie beispielsweise der Russe Nikolai Kobelkoff, dem bis auf kurze Stümpfe die Gliedmaßen fehlten – präsentiert.

Um die Szenerie noch bizarrer zu gestalten, eröffnete der Raubtierbändiger Hermann Präuscher (1839–1896, beerdigt am evangelischen Friedhof Matzleinsdorf, Sohn eines Schaustellerehepaares, der 1864 mit dem Zirkus Suhr-Hüttemann nach Wien kam) 1871 im Wurstelprater ein Panoptikum und Menschenmuseum.

»Nur für Erwachsene«, hieß es in »Präuschers Panopticum«, in dem der Dompteur menschliche Präparate wie krankhaft veränderte Körper- und Geschlechtsorgane oder abgetrennte Gliedmaßen präsentierte. Dieses Kuriositätenkabinett, dessen Ausstellung als volksbildnerisch galt, wurde nach Präuschers Tod von seinen Erben weitergeführt, brannte 1945 jedoch vollständig aus.

Eine ähnliche Ausstellung existiert seit 1971 wieder im »Narrenturm«, dem Pathologisch-Anatomischen Bundesmuseum der Stadt Wien, in einem ehemaligen »Irrenhaus« auf dem Gelände des alten AKH (mehr darüber in unserem Buch »Hexen, Heiler und Dämonen – Geheimnisvolle Orte und magische Menschen in Österreich« von Gabriele Hasmann und Ursula Hepp, Verlag Ueberreuter, Wien 2010).

Neben den über 2.000 menschlichen Exponaten zeigte Präuscher auch Wachsfiguren, mittelalterliche Foltergeräte sowie tierische Präparate. Des Dompteurs ganzer Stolz war unter anderem der Koffer des Raubmörders Johann Szimitz, in dem sich die Leiche seines Opfers befunden und neben dem der Verbrecher sechs Wochen lang geschlafen hatte – inklusive zweier »Beglaubigungsschreiben« der Budapester Staatsanwaltschaft, die dafür bürgten, dass es sich bei dem Koffer um das Original handelte. Das Prunkstück seiner Sammlung und die Sensation im Jahr 1884 war jedoch die ausgestopfte Bartdame Julia Pastrana. Die haarige Russin, schon zu Lebzeiten weltberühmt, war bei der Geburt ihres Kindes gestorben, was ihren Göttergatten allerdings nicht davon abhielt, weiterhin Geld mit ihr zu verdienen. Der Russe veranlasste die Einbalsamierung »seines Haarweibes« und präsentierte sie in seinem Museum. Doch als die Leiche zu verfaulen begann, ließ er Julia ausstopfen und vermietete sie für 320 Taler im Jahr an Hermann Präuscher. Doch auch andere ausgestopfte Menschen stellte der Tierbändiger aus – die Häute hatte er ihnen angeblich noch zu Lebzeiten abgekauft.

Präuscher rechtfertigte die eigene Faszination an den teilweise doch sehr skurrilen Objekten und die Zurschaustellung derselben zur Befriedigung der Schaulust anderer mit der »Erkenntnis«, die der damals noch pubertierende Sigmund Freud (1856–1939) erst viele Jahre später haben sollte: Die Auseinandersetzung mit dem Andersartigen bestätigt einerseits die eigene Normalität und fördert gleichzeitig die Wiederbegegnung mit dem eigenen Verdrängten.

Otti Neumeier-Hager aus Wien, die … etwa sechs Jahre alt war, erzählt:

> *Es stand auf dem freien Platz gegenüber dem Riesenrad, in der Nähe des Kinos, und es war ein ewig unerfülltes Ziel meiner Sehnsüchte, denn Kinder durften nicht hinein. Ein wenig konnte man beim Eingang hineinlugen und sah vielleicht ein Stück von ich weiß nicht was, aber draußen an den Wänden gab es Reklame in Form von Plakaten für die »Frau ohne Unterleib«. Ach, hätte ich die gerne gesehen! Es war ja so unvorstellbar, eine Frau ohne Unterleib, wie sollte das gehen? Außerdem gab es Bilder über Sensationen wie »Lionel, der Löwenmann«, »Resi, die Riesenfrau« oder sonstige »Abnormitäten«. Es handelte sich um Menschen mit körperlichen Missbildungen, die sich zum Zweck des Lebensunterhalts zur Schau stellten: wie der berühmte Rumpfmensch Nikolai Kobelkoff, der trotz fehlender Arme und Beine Kunststücke zeigte und es zu einer Familie mit zahlreichen Nachkommen und zum Ringelspielbesitzer brachte; siamesische Zwillinge, Kleinwüchsige, Riesenwüchsige, Bartfrauen und vieles mehr. Das alles ging 1945 in Flammen auf, ohne dass ich es jemals gesehen hätte.*

1890 hatten die Wiener allerdings auch noch etwas anderes zu bestaunen: Sie konnten nämlich im Wurstelprater »Indianer schauen«.

Die bis in die heutige Zeit berühmteste und auch spektakulärste Wild West Show, unter der Leitung von »Buffalo Bill« William Frederick Cody, gastierte während ihrer zweiten Europareise in Wien. Der Trupp des amerikanischen Abenteurers, Bisonjägers und Büffelschlächters hielt mit 80 Wagen, 225 Cowboys und Indianern, 252 Pferden, 22 Bisons und einem Stier Einzug am Pratergelände und begeisterte das Publikum mit gespielten Kampfszenen und Tierjagden, wie sie zu dieser Zeit in den Indianerreservaten in Nordamerika tatsächlich stattfanden. Cody war Jahre zuvor allerdings mehrmals in kriegerische Handlungen gegen Indianer verwickelt gewesen, so 1876, als er sich der US-Armee ein weiteres Mal als Kundschafter für einen Rachefeldzug zur Verfügung stellte und im Zuge eines Kampfes den Häuptling Yellow Hair tötete mit den Worten: »Der erste Skalp für Custer«, also für den damaligen Oberstleutnant der US-Armee.

Auf seiner letzten Tournee 1906 brachte Cody ein lebendes Kuriositätenkabinett mit nach Wien: eine Schlangenbändigerin, einen afrikanischen Riesen und einen Mann mit blauer Haut.

Ein weiteres Highlight am Gelände des Wurstelpraters war die Liliputstadt. Die erste entstand bereits 1911, weit mehr Bedeutung jedoch erlangte die zweite, die sich von 1934 bis 1937 nahe dem Praterstern am Beginn der Hauptallee befand:

> *Besuchet die Liliputstadt im Prater mit dem weltberühmten Gnidley's Liliputaner Zirkus. Geöffnet ab 2 Uhr nachm. Sonn- und Feiertag ab 10 Uhr vormittags.*
>
> (Annonce aus dem Archiv des Museums für Unterhaltungskunst, Wiener Zaubertheater)

Das »Neuigkeits-Welt-Blatt« Nr. 122 vom 30. Mai 1937 berichtete begeistert von der Miniaturstadt im Prater, in der die Kleinwüchsigen tatsächlich lebten:

> *Beim »Ponywirt« in der Liliputstadt sitzen alle »dienstfreien« Liliputaner in kleinen Sesseln bei ganz niedrigen Tischerln und erledigen entweder ihre Korrespondenz, natürlich sind es vor allem Briefe in*

die Heimat, die sie oft jahrelang nicht sehen, oder sie spielen Karten, lesen Wiener Zeitungen oder tauschen Briefmarken.

Gabriele Edelmann schrieb eine Diplomarbeit mit dem Titel »Zurschaustellungen von ›Abnormitäten‹ und ›Freaks‹ in Wien. Eine Untersuchung der Aufführungspraxis von Prodigien«. Dort heißt es:

Im Prater wurde ein Kondensat des »richtigen« Stadtlebens vermischt mit Nostalgie und Romantik geboten. Auf dem pompösen Eingangstor mit zwei Kassen prangten die Worte »Liliput – Die kleinste Stadt der Welt!« Die durchwanderbare Kulisse bot verwinkelte Gassen, Wohnhäuser, ein Postamt, einen Heurigen, einen Gemeinde-Kotter, ein Stadttheater, eine Feuerwache, ein Rathaus samt »Rathauskeller« sowie verschiedene Geschäfte. Die Gassen – alle mit Straßenschildern und Namen wie »Hauptstraße«, »Theaterplatz« oder »Piccolostraße« versehen – und die Miniaturgebäude, jedes mit einer vollständigen Adresse samt Hausnummer, wurden von Bewohnern, Polizisten, Feuerwehrleuten und einem Bürgermeister bevölkert. Die Handwerker stellten verschiedene Dinge her und verkauften diese dann auch an das Publikum. Ein Graveur führte »für wenig Geld allerhand künstlerische Arbeiten« aus. Eine Wahrsagerin konnte ebenso gegen ein kleines Entgelt aufgesucht werden. Sogar eine Parfümerie bot Gelegenheit zum Einkauf. Auf dem Postamt stempelte ein Postmeister Souvenir-Stampiglien auf die dort zu erwerbenden Postkarten mit seinem Namen – »Robertsen Postmeister der Stadt Liliput« – und dem Datum. … Es gab natürlich Liebesbeziehungen – untereinander sowie mit normal großen Partnern. Paul Walker, der Wirt vom »Weißen Pony« in der zweiten »Liliputanerstadt« im Prater, war mit einer groß gewachsenen Frau verheiratet, sie lebten gemeinsam mit ihrer kleinwüchsigen Tochter Hedy in der Stadt. Noch deutlicher sichtbar wurde die Vermischung der Realitäten im Falle der Silberhochzeit des Ehepaares Blase aus der »Liliputstadt«, welche im Stephansdom gefeiert wurde und ein großes Medienereignis darstellte.

Otti Neumeier-Hager erzählt:

Ein Zaun umrahmte kleine Häuser, vor denen wie auf einem Campingplatz kleine Tische und Bänke standen, und Menschen, die kaum größer waren als ich, saßen oder gingen darin herum. Es war faszinierend. Sie waren ganz normal angezogen, die Frauen hatten hübsche Beine, und alle waren wohlproportioniert, nicht so deformiert, wie man es von Zwergen oft kennt. Es war, wie wenn man in einen Puppenladen hineinschaute, nur waren es lebende erwachsene Menschen. Nur dieses eine Mal hatte ich Gelegenheit, in dieses »Wunderland« zu schauen. Als wir das nächste Mal in den Prater kamen, gab es dieses Dorf nicht mehr.

Ab 1940 wurde es verboten, die »Liliputaner« – wie sie selbst genannt werden wollten – auszustellen. Otti Neumeier-Hager sagt: »Wer weiß, wohin sie unter dem Hitlerregime gekommen sind, man sah nie wieder einen von ihnen.«

Doch spuken im Prater weder Hermann Präuscher noch die Bartdame Julia Pastrana noch der Rumpfrusse Nikolai Kobelkoff, sondern vielmehr der Geist des Zauberers und Initiators des Gespenstertheaters Anton Kratky-Baschik.

Schon das Geburtsdatum des aus Prag stammenden Künstlers gibt Rätsel auf: Auf seinem Grabstein am Zentralfriedhof (Gruppe 11, Reihe 1, Nr. 52) ist »Anton Kratky-Baschik, 1822–1889, Ein Meister seiner Kunst« zu lesen. Die Friedhofsverwaltung legt sich jedoch auf 1820 als Geburtsjahr fest, Felix Czeikes Historisches Wien Lexikon von 1992 bis 1996 gibt das Jahr 1821 an, Wikipedia wiederum macht den Herrn gleich um rund zehn Jahre älter und behauptet, er sei bereits 1810 zu Welt gekommen.

Anton Kratky-Baschik stand jedenfalls schon im Alter von 16 Jahren auf der Bühne, damals allerdings noch als Mundharmonikaspieler. In Berlin trat er erstmals als Zauberer auf, unter den Fittichen von Samuel Bellachini, dem populärsten Illusionisten seiner Zeit. Einmal Blut geleckt, begann Kratky-Baschik sich zuerst mit physikalischen Experimenten, danach mit Imaginationskunststücken zu beschäftigen und beschloss um 1850, Zauberer zu werden. Auf seinen Tourneen durch England und Amerika spezialisierte er sich auf Gespenstervorführungen, bei denen ihm tote Berühmtheiten erschienen. 1862 ließ er sich in Wien nieder und eröffnete 1864 im Wurstelprater sein erstes Zaubertheater auf der Feuerwerkswiese. Dieses musste er jedoch bald wieder schließen, da er weiterhin durch die Lande tourte.

1868 unternahm er einen zweiten Versuch, die Wiener zu verzaubern und baute sein zweites »Theater für Zauberei« in der Ausstellungsstraße 161, das er bis zu seinem Tod bespielte. Im Winter hielt sich der Künstler mit Veranstaltungen seiner Zaubersoireen in der Innenstadt oder im Dianasaal in der Leopoldstadt über Wasser, doch auch im Sommer war sein Theater nicht besonders gut besucht. Aber die Einnahmen schienen zum Leben zu reichen, und die vorhandene freie Zeit nützte Kratky-Baschik, um es sich in seinen beiden Stammlokalen, »Goldener Kegel« und »Goldenes Kreuz« – wovon sich Letzteres direkt gegenüber, Ersteres schräg vis-à-vis von seinem Theater befand –, gut gehen zu lassen.

Noch heute kursieren im Prater allerlei Gerüchte über den Zauberer, so etwa, dass er darauf bestand, nur frisch angeschlagenes Bier zu trinken. Daher soll der Wirt Adam vom »Goldenen Kreuz« jedes Mal, wenn er seinen Stammgast kommen sah, mit dem Schlägel auf das Fass geschlagen haben, um die Frage des Künstlers, ob das Bier auch frisch angeschlagen sei, mit der Gegenfrage »Ja habns ned grad den Lärm vom Anschlagn ghört?« zu beantworten. Einmal, so erzählt man sich, fuhr Kratky-Baschik mit seinem Helfershelfer Matthias zum Heurigen nach Döbling. Auf der Rückfahrt streifte der angeheiterte Bursche mit dem Wagen einen Schotterhaufen, woraufhin das Gefährt umkippte. Der Zauberer soll erbost gerufen haben: »Fallot, ölendiger! I hab dir doch gsagt, du derfst ned saufen, wenn i an Rausch hab!« und bekam zur Antwort: »Jo Herr Professor, do kummat i jo nie dran.«

Zuletzt erblindete der alte Magier und starb am 27. August 1889. Das Zaubertheater wurde bis 1911 weitergeführt, danach schloss es für immer seine Pforten.

»Oh mein Gott, da ist ja gar niemand!«, »Hast du auch grad den komischen Mann gesehen? Er stand direkt hinter mir … wo ist der hin?«, »Bitte, wie schaut denn der aus? Welches Irrenhaus hat den denn freigelassen?« So und ähnlich reagieren die Menschen, wenn ihnen im Prater Anton Kratky-Baschik im Lach- und Spiegelkabinett »Calypso« (Parzelle 45, auf dem Weg vom Calafatiplatz zum Rondeau) begegnet. Dabei handelt es sich aber nicht etwa um ein Double des Zauberers, sondern um seinen Geist, den man dort offensichtlich manchmal in den Spiegeln sehen kann.

Das Kabinett gibt es bereits seit 1953. Im Eingangsbereich steht der älteste, original handgemachte Watschenmann Wiens, eine mannsgroße, eher dunkelhäutige Holzfigur, die früher einmal außerhalb des Gebäudes stand und sich von jedem, der dafür bezahlte, abwatschen lassen musste. Die Stärke des Schlages wurde dabei mit einem Zeigerinstrument gemessen. Ansonsten befinden sich heute im »Calypso« neben diversen Verzerrspiegeln Irrgärten, bewegliche Hindernisse und so manche Illusion.

Keine Illusion jedoch war die Erscheinung, die Michael H., ein 36-jähriger »echter Wiener« und »g'standenes Mannsbild«, im Frühjahr 1983 im »Calypso« hatte:

»Meine Kinder haben mich damals im Sommer an einem Samstag so lang sekkiert, bis ich mit ihnen in den Prater gegangen bin. Autodrom, Eis essen, Autodrom, Cola trinken, Autodrom, Pizza essen … und zuletzt ins ›Calypso‹. Ich finde dieses Spiegelkabinett ja nicht wirklich lustig, wer schaut sich seinen Bierbauch schon gern in einem Spiegel an, der einen noch fetter macht? Aber die Kinder hatten ihren Spaß, und das war die Hauptsache – auch wenn sich mein Kleiner vor lauter Lachen ein wenig übergeben und mir eine braune Sauce mit Tomatenstückchen aufs Hemd gespuckt hat. Doch plötzlich, ich steh grad vor einem Spiegel, in dem ich ausschaue wie Michael Jordan, nicht so gut gebaut, aber so groß, seh ich einen Mann hinter mir stehen. Er hatte einen ungepflegten Vollbart, streng zur Seite frisiertes Haar und trug einen offensichtlich uralten, abgewetzten Frack. Seine dunklen Augen haben mir regelrecht Löcher in den Rücken gebrannt, das war echt

Kasperlfigur im Lachkabinett »Calypso« im Wiener Prater

unangenehm. Mit einem Mal taumelt der Mann grinsend zur Seite aus meinem Blickfeld. Ich dreh mich um … und weg war er. Meine Tochter schaut mich an und fragt, warum ich so erschrocken schaue. Ich überlege kurz, ob ich tatsächlich nur ein Krügerl getrunken hatte, weiß aber sowieso, dass ich niemals mehr Alkohol zu mir nehme, wenn ich mit den Kids unterwegs bin. Sicherheitshalber frage ich meine Kinder, ob da ein Mann gewesen ist, was beide verneinen. Beide standen aber nur knapp zwei Meter von mir entfernt, und sie sagten, dass da niemand gewesen wäre außer uns dreien. Also beschließe ich, einen Sonnenstich zu haben. Ein paar Tage später erzähle ich, ein wenig peinlich berührt, meinem Freund Alex die Geschichte, und der berichtet mir,

als wäre es das Selbstverständlichste der Welt, dass seine Mutter ›den Kratky‹ auch schon in einem Spiegel im ›Calypso‹ gesehen hat.«
(Übersetzt aus dem »echt Wienerischen« ins Hochdeutsche GH)

Weniger lustig liest sich die Geschichte der 72-jährigen Herta W., die sich im Herbst 1989 im »Calypso« zugetragen hat:

»Es war im Oktober, den Tag weiß ich nicht mehr … aber unter der Woche. Ich bin ein wenig übermütig gewesen: Meine Freundinnen, Annemarie und Luise, haben mich zu einem Praterspaziergang eingeladen und meinten, dass wir zum Abschluss unseres Ausflugs ins ›Calypso‹ gehen sollten. Wie gesagt, ich war ein wenig übermütig und habe zugestimmt. Vor allem die Spiegel sind ja wirklich lustig gewesen und wir drei mussten die ganze Zeit kichern. Annemarie stand mit mir vor dem Spiegel, in dem wir ganz dünn waren, so dünn wie vor 40 Jahren, als ich plötzlich einen Mann hinter uns erblickte, der aussah, als wäre er gerade einem alten Stummfilm entsprungen. Ich schrie leise auf und bemerkte im Augenwinkel, dass Annemarie weiß wie eine Wand geworden war. Luise stürzte auf uns zu und griff nach dem Arm meiner Freundin, die zu Boden sank. Panisch sah ich mich um, doch der Mann hatte sich in Luft aufgelöst. Gott sei Dank war Annemarie nichts passiert, der kleine Schwächeanfall ging rasch vorüber. Eine nette junge Dame vom Personal hat uns ein Glas Wasser gebracht, und als ich ihr zögernd erzählte, was meine Freundin so erschreckt hatte, meinte sie: ›Das war der Zauberer, der Kratky-Baschik, der durch das ›Calypso‹ spukt und sich hin und wieder den Besuchern im Spiegel zeigt. Wir haben ihn eh schon ins Gasthaus geschickt, damit er dort weitergeistert, aber offensichtlich mag er nicht weg von da. Ich hab ihn allerdings noch nie gesehen, leider.‹ Humor hatte sie ja, die junge Dame. Uns allerdings war das Lachen vergangen. Eine Herrenbekanntschaft von mir hat sich einige Wochen später erkundigt, ob im alten Spiegelkabinett vielleicht Scherze getrieben werden, da er gar nicht an übernatürliche Geschehnisse glaubt und bereit war, einen Anwalt einzuschalten, wenn dort Menschen fast zu Tode erschreckt werden. Doch man hat ihm offensichtlich glaubhaft versichern können, dass es nicht im Interesse der Betreiber wäre, Kunden derart zu verängstigen. Also ist es doch der Geist des Zauberers gewesen ... eine andere Erklärung gibt es nicht.«

Angeblich erschreckt Anton Kratky-Barisch auch heute noch hin und wieder g'standene Männer, alte Damen und andere Besucher des »Calypso« – man sollte dort also immer darauf gefasst sein, dass einem der alte Zauberer im Spiegel über die Schulter schaut.

Doch im Prater treibt sich nicht nur eine Spukgestalt herum – offensichtlich befinden sich dort mehrere Geister, zumeist unbemerkt, unter den Besuchern. Wie auch zum Beispiel der Onkel aus Amerika, der sich im Riesenrad sein geliebtes Wien von oben ansah.

Das Wiener Riesenrad wurde von 1896 bis 1897 von den englischen Ingenieuren Harry Hitchins und Walter B. Basset – der gleichzeitig auch der Eigentümer seines Meisterwerks war – geplant und von Ingenieur Hubert Cecil Booth konstruiert. Es war damals mit 30 Gondeln und einem Gesamtdurchmesser von fast 61 Metern das größte Riesenrad der Welt. Die Einweihung erfolgte am 3. Juli 1897, ein Jahr vor der Feier des 50. Thronjubiläums von Kaiser Franz Joseph I.

An diesem heißen Sommertag strömten die Menschen neugierig in den Prater, um das große Rad zu begutachten. Eine Fahrt darin konnte sich jedoch kaum jemand leisten, da der Preis stolze acht Gulden betrug – Mittelklasseverdiener hatten damals etwa 30 Gulden im Monat zur Verfügung.

Bereits ein Jahr später, am 3. Juli, hätte sich beinahe ein großes Unglück am Riesenrad ereignet: »Am Riesenrad hängt ein Frauenzimmer!«, schallten aufgeregte Rufe durch den Prater. Die Wienerin Marie Kindl, ganz in Weiß gekleidet, hing in luftiger Höhe an einem Seil aus dem Fenster eines Waggons. Das Riesenrad wurde sofort gestoppt, doch die Frau weigerte sich, in die Gondel zurückzukehren. So nahm man wieder Fahrt auf und erst am Boden angekommen kletterte Marie in den Waggon zurück. Mit dieser Aktion hatte die arbeitslose Frau auf ihre soziale Not und die ihres arbeitslosen Mannes aufmerksam machen wollen. Nach dem Bezahlen einer Ordnungsstrafe durfte sie nach Hause gehen. Ob Marie durch ihren Ausflug über den Dächern von Wien zu einem Job gekommen ist, ist nicht bekannt.

1914 wurde das Riesenrad gesperrt, da man es im Ersten Weltkrieg als Aussichtsposten benötigte. 1915 wurde Walter B. Basset enteignet. Der neue Besitzer wollte die Attraktion abreißen lassen, hatte auch bereits die Genehmigung dafür in der Tasche, doch ihm fehlte das Geld für sein Vorhaben. Somit wurde das Riesenrad gepfändet und danach zur Versteigerung ausgeschrieben. Der neue Eigentümer, der Prager Kaufmann Eduard Steiner, wollte das Rad 1918 ebenfalls abreißen lassen, doch auch er konnte diese Arbeit nicht bezahlen, also beschloss er, die Attraktion zu verpachten.

Ab 1920 kamen zunehmend US-amerikanische Filmproduzenten angereist, die das Riesenrad als Filmkulisse nutzen wollten.

1938 »arisierten« die Nationalsozialisten das Riesenrad und erwarben es für ein Viertel der Verkaufssumme von Eduard Steiner. Ein Jahr später wurde es unter Denkmalschutz gestellt. Zuvor bereits zerbombt, brannte das Rad 1944 komplett aus. Im selben Jahr wurde Eduard Steiner im KZ Auschwitz ermordet. Die Verkaufssumme hat er nie erhalten.

Nach dem Ende des Zweiten Weltkriegs begann man mit dem Wiederaufbau der Konstruktion, nahm aber an, dass das Rad nicht mehr so stabil sei – daher wurden nur noch 15 Gondeln eingehängt, und dabei ist es bis heute geblieben.

Von 1947 an drehte das Riesenrad wieder seine Runden und 1953 erhielten drei Erbinnen Eduard Steiners, des letzten Besitzers vor der »Arisierung«, das Riesenrad zurück.

Das Riesenrad scheint kein offensichtliches »Spukpotenzial« zu besitzen: Niemand kam dort zu Tode – weder ist jemand jemals aus einer Gondel gestürzt noch war der Platz, an dem es steht, ein Ort nennenswerter Gräueltaten. Und doch hat sich ein ganz bestimmter Geist einen Waggon des Riesenrads zum Spuken ausgesucht.

Das Vorkommnis ereignete sich Ende der 1980er-Jahre, als Helene mit ihrem Ehemann und den beiden Kindern den Prater besuchte, um dort einen unbeschwerten Nachmittag zu verbringen. Es war Frühling, die ersten Sonnenstrahlen des Jahres wärmten die Luft und hatten bereits die Kastanienbäume entlang der Allee zum Blühen gebracht.

> *... Im Prater blühn wieder die Bäume / In Sievering grünt schon der Wein / Da kommen die seligen Träume / Es muss wieder Frühlingszeit sein ...* (Robert Stolz)

Und zu träumen glaubte auch Helene, als sie mit ihrer Familie später neben dem Riesenrad stand, während ihre Kinder bereits zum dritten Mal auf der damals dort befindlichen Holzachterbahn fuhren. Helene und ihr Mann winkten, fotografierten und lachten über die ängstlichen Gesichter der Menschen beim wilden Auf und Ab. Doch die junge Frau war unruhig, sie wurde das Gefühl nicht los, dass jemand sie beobachtete. Immer wieder drehte sie sich um, konnte aber niemanden sehen, der zu ihr blickte. Als die Bahn wieder am Boden angekommen war, ging ihr Mann zu den Kindern, um ihnen eine weitere Fahrt zu spendieren, während Helene sich wieder umsah, weil sie immer noch das Gefühl hatte, angestarrt zu werden. Zufällig schaute sie dabei auf das Riesenrad, das sich gemächlich im Kreis drehte. In einer Gondel sah sie einen älteren, weißhaarigen Herrn mit aufgedrehtem Schnurrbart sitzen, der sie anlächelte und ihr zuwinkte. Etwas verunsichert, aber auch amüsiert winkte sie zurück, obwohl sie den Mann nicht kannte. Einige Minuten später war die Achterbahnfahrt zu Ende und Helenes Kinder kamen auf die Eltern zugelaufen. Die junge Frau wandte sich erneut dem Riesenrad zu und suchte mit den Augen die Gondeln ab, doch den Mann konnte sie nirgends mehr sehen. Lächelnd schüttelte sie den Kopf, während ihre Familie beschloss, dass nun der Magen gefüllt werden musste.

Einige Monate später saß Helene bei ihrer Mutter im Wohnzimmer und starrte fassungslos auf ein Foto, von dem ihr der Fremde, der ihr aus dem Riesenrad zugewunken hatte, entgegenlächelte. »Mama!«, rief Helene in die Küche, »komm schnell!« Als die Mutter neben ihr stand, fragte Helene, wer der Mann auf dem Foto sei. »Das ist dein Onkel Harald, besser gesagt Harry, der nach dem Krieg in die USA ausgewandert ist. Ich hab dir doch von ihm erzählt! Fein, dass du das Bild gefunden hast, das er mir letztes Jahr geschickt hat, ich wusste nämlich nicht mehr, wo ich es hingetan hatte. Jetzt siehst du endlich, wie er zuletzt ausgehen hat. Leider konnte er aus gesundheitlichen Gründen ja nicht mehr nach Österreich kommen. Dabei hätte er dich und deine Familie so gerne kennengelernt. Wir hätten einmal hinüberfliegen sollen … Na ja, jetzt ist es zu spät.« »DAS ist Onkel Harry? Aber … er ist doch … gestorben …« Die Mutter nickte traurig: »Ja sicher, das weißt du doch. Im Jänner.« »Aber er war im Prater. Im April. Im Riesenrad!« Helenes Mutter hatte offensichtlich nicht richtig zugehört, denn sie sagte: »Das Riesenrad, das hat er geliebt. Er sagte immer, dass man ganz oben so hoch sei, dass man schon fast an die Himmelpforte klopfen könnte.« »Mama, ich hab ihn gesehen, im April, auf dem Riesenrad!« »Kind, bitte, red keinen Unsinn. Du weißt doch, dass wir im Jänner rüberfliegen wollten, zur Beerdigung, und dass wir dann alle die Grippe hatten und nicht reisen konnten.« »Ja, aber er war da!«, behauptete Helene. Doch wusste sie natürlich, wie unglaubhaft das klang. Die Mutter schüttelte lächelnd den Kopf und meinte: »Das hast du dir nur eingebildet, Schatz. Harry ist im Jänner gestorben.«

Helene war danach noch viele Male im Prater beim Riesenrad, doch ihren Onkel aus Amerika hat sie nie wieder gesehen.

DER HAYDNPARK

Zwei Tote ohne Kopf am Hundsturmer Friedhof

Im 12. Bezirk (Meidling) befindet sich der Haydnpark, der 1926 auf dem Areal des ehemaligen Hundsturmer Friedhofs angelegt wurde.

Der Namensgeber des etwa 26.500 Quadratmeter großen Parks am Gaudenzdorfer Gürtel ist der Komponist Franz Joseph Haydn (1732–1809), der dort beerdigt wurde. Heute ruht der Künstler zwar in Eisenstadt, doch im Haydnpark erinnert ein 1814 gestiftetes Grabmal an den berühmten Komponisten.

Der Hundsturmer Friedhof – wie auch noch einige andere Grabanlagen, etwa die in St. Marx – wurde um 1783 auf Geheiß Josephs II. anstelle der Friedhöfe innerhalb des Linienwalls, der Befestigungsanlage zwischen den Vororten und Vorstädten Wiens, dem heutigen Gürtel, errichtet, da diese aus hygienischen Gründen geschlossen werden mussten. Mit seinen 31.000 Quadratmetern war der »Hundsthurmer« der kleinste »communale« Friedhof Wiens, hier lagen k. k. Luxusbäcker und Seidenfabrikanten, Hofhaberkastner und Heumeister neben Berühmtheiten wie dem Kupferstecher Jakob Gauermann, dem Maler Josef Danhauser und dem ersten Wiener Polizeipräsidenten Anton Ritter von Le Monnier.

Mit der Eröffnung des Zentralfriedhofs im Jahre 1874 wurden alle »communalen« Friedhöfe stillgelegt.

Joseph Haydn, ein führender Vertreter der Wiener Klassik, lebte neun Jahre lang als Chorknabe in Wien und arbeitete danach neben seiner Tätigkeit als freier Musiker als Kammerdiener oder als Begleiter anderer Künstler. Ab 1761 verbrachte er fast 30 Jahre als Haus- und Hofmusiker der Esterházys in Eisenstadt, Wien und Ungarn, wo er Orchester und Oper der wohlhabenden, ungarischen Familie leitete. Danach feierte Haydn mehrere Jahre lang große Erfolge in England, kehrte aber 1795 endgültig nach Wien zurück, wo er sich in der westlich von Wien gelegenen »Oberen Windmühle« ein Haus mit Garten in der Unteren Steingasse Nr. 73 kaufte, das er 1797 bezog. 1800 verstarb Haydns Frau Maria Anna während eines Kuraufenthalts in Baden bei Wien, wo ihre Arthritis gelindert werden sollte.

Haydn gehörte, ebenso wie sein Freund Wolfgang Amadeus Mozart, einer Freimaurerloge an.

Der Komponist verstarb 1809 nach bereits längerer Krankheit an allgemeiner Entkräftung. Seine letzten Worte sollen Beschwichtigungsversuche gewesen sein, gerichtet an seine Dienerschaft, als in der nahen Umgebung Kanonenschüsse zu hören waren – abgegeben von der französischen Armee unter Napoleon Bonaparte, die zu diesem Zeitpunkt Wien angriff.

Haydn war ein gläubiger Katholik, beendete seine Kompositionen oft mit einem schriftlichen »Laus deo« (Ehre sei Gott), in seiner Freizeit ging er gern jagen und angeln. Der Musiker galt rein äußerlich als eher unattraktiv, er war klein und hatte Pockennarben im Gesicht, trotzdem wurde er von den Frauen umschwärmt. Wahrscheinlich lag das an seinem freundlichen Wesen. Haydn soll ein vornehmer, liebenswürdiger, optimistischer und humorvoller Zeitgenosse gewesen sein, der seinen Freunden auch den einen oder anderen Streich spielte.

Den Streich, den man Haydn jedoch nach seinem Tode spielte, hätte allerdings nicht einmal der oft zu Späßen aufgelegte Musiker lustig gefunden: Man hat ihm nämlich den Schädel gestohlen.

Festgestellt wurde das Fehlen des Kopfes, als Fürst Nikolaus II. Esterházy sich 1820 beim Ausruf des Duke von Cambridge: »Wie glücklich der Mann, der diesen Haydn im Leben besessen hat und noch im Besitz seiner irdischen Reste ist!«, nach einer Aufführung von Haydns »Die Schöpfung« an seinen ehemaligen Bediensteten erinnerte und ihn exhumieren ließ, um ihn nach Eisenstadt überführen zu lassen. Trotz allgemeiner Bestürzung, dass Haydns Kopf fehlte, an dessen Stelle eine Perücke im Grab lag, transportiere man die sterblichen Überreste nach Eisenstadt und beerdigte ihn in einer Gruft unter der

Haydn-Denkmal am ehemaligen Hundsturmer Friedhof in Wien Meidling

Bergkirche. Später stellte sich heraus, dass der Kopfklau acht Tage nach Haydns Beisetzung auf das Konto des ehemaligen Sekretärs des Fürsten Esterházy, Joseph Karl Rosenbaum, ging, der den Totengräber wie auch einige Wiener Beamte geschmiert hatte, um an die heiß begehrte Trophäe zu gelangen.

Haydns vermeintlicher Kopf wurde jedoch schon bald retourniert, und zwar vom späteren Direktor des niederösterreichischen Provinzialstrafhauses Johann Nepomuk Peter, einem Freund Rosenbaums, der an dem Diebstahl beteiligt gewesen war. Doch dieser Schädel wurde sogleich als Fälschung entlarvt: Er stammte von einem 20-Jährigen. Dennoch startete die Polizei eine Hausdurchsuchung bei den von Anfang an verdächtigen Rosenbaums, die allerdings erfolglos verlief – angeblich hatte Josephs Frau Therese den Kopf im Strohsack ihres Bettes versteckt. Peter überreichte der Justiz daraufhin erneut einen falschen Kopf, dieses Mal den eines alten Mannes, der nach Eisenstadt gebracht und in Haydns Grab gelegt wurde.

Nach Rosenbaums Tod traute sich Peter aus Angst vor strafrechtlichen Konsequenzen nicht, das ererbte Haupt, so wie er es dem Freund Rosenbaum auf dem Totenbett versprochen hatte, dem Musikkonservatorium auszuhändigen. Peter schob die Verantwortung auf seine Frau ab, indem er testamentarisch festlegte:

> *Übergeben an das genannte Musikkonservatorium soll dieser Kopf des Haydn, welches ich mit dem Eid, so wahr mir Gott helfe, beteuere, dass er derselbe ist, erst nach meinem Tode aus dem Grunde werden, um wegen dieser Handlung, die mir gut scheint, vor Verfolgung mich zu bewahren.*

Nach seinem Ableben war aber auch die Witwe zu feig, die Reliquie an das Wiener Musikkonservatorium auszufolgen, überließ sie vielmehr dem Leibarzt ihres Mannes, Dr. Karl Haller, der ihn an den Anatomen Dr. Karl Rokitansky weiterreichte. Dessen Nachfolger Richard Heschl übergab den Kopf 1878 dem Pathologisch-Anatomischen Museum in Wien. Heschls Nachfolger wiederum holte den Schädel 1893 wieder aus dem Museum und ließ ihn Rokitanskys Söhnen zukommen. Hans von Rokitansky, der letzte private Schädelverwahrer, und seine Brüder überreichten den Kopf zwei Jahre später, wie von Rosenbaum gewünscht, dem Musikkonservatorium. Im Jahre 1932, anlässlich des 200. Geburtstages von Joseph Haydn, setzten Bestrebungen ein, den Schädel mit dem Körper zu vereinen. Die Gesellschaft der Musikfreunde war nicht abgeneigt, die Reliquie abzugeben, woraufhin die Esterházys für Haydn ein Mausoleum in der Bergkirche errichteten. Doch im letzten Moment wurde die Kopfübergabe verhindert, da ein Musikwissenschaftler von der Gesellschaft der Musikfreunde behauptete, dass es laut einem Wiener Gesetz verboten sei, Leichenteile über die Stadtgrenzen hinauszutransportieren. Man munkelte jedoch, dass der Verein mit diesem Manöver von den Gerüchten, dass sie sich den Schädel abkaufen lassen wollten, ablenken wollte. 1954 klappte es dann endlich mit dem Aushändigen, und so wurde das Haupt des großen Komponisten endlich nach Eisenstadt gebracht, dort im Mausoleum gegen den falschen Kopf ausgetauscht und feierlich mit Haydns Gebeinen vereint.

Und warum das alles? Weil Joseph Karl Rosenbaum ein fanatischer Anhänger von Franz Joseph Gall und dessen Schädellehre war, ebenso wie sein Freund und Verbündeter Johann Nepomuk Peter.

Franz Joseph Gall (1758–1828), ein deutscher Arzt und Anatom, begründete unter dem Begriff »Phrenologie« die Lehre, dass das Gehirn das Zentrum aller mentalen Funktionen sei, dass also geistige Eigenschaften und Zustände klar abgegrenzten bestimmten Hirnarealen zuzuordnen wären. Er behauptete außerdem, dass sich die Gehirnform von der Schädelform ableiten ließe (spätere Kraniometrie = Lehre von der Schädelvermessung, die zu Beginn des 20. Jahrhunderts im Zusammenhang mit rassistischen Theorien populär wurde).

Franz Joseph Gall hatte viele Fans: hohe Staatsbeamte, Gelehrte, Priester, Künstler, in- und ausländische Ärzte, Wiener Bürger und Studenten, sogar der Dichter Johann Wolfgang von Goethe outete sich als »höchst Interessierter«. Und da Gall behauptete, dass besonders ausgeprägte oder im Gegensatz dazu auffällig unterentwickelte Gehirnpartien an der Schädeldecke als Buckel oder eben als Delle erkennbar seien, was wiederum Rückschlüsse auf Talente, Charakterzüge und Wesenseigenschaften eines Menschen zuließe, wollten alle wissen und lernen, wie man an der Form des Schädels Verbrecher, Künstler, Geizkragen, Ehebrecher, Philosophen usw. erkennen könne.

Doch nicht alle waren Anhänger der Phrenologie, so äußerte sich der Philosoph Georg Wilhelm Friedrich Hegel spöttisch in seiner »Phänomenologie des Geistes«:

> *Wenn also einem Menschen gesagt wird: du (dein Inneres) bist dies, weil dein Knochen so beschaffen ist, so heißt es nichts anderes als: ich sehe einen Knochen für deine Wirklichkeit an.*

Für seine Untersuchungen sammelte Gall in Wien eine Unmenge von Schädeln, die meisten stammten von »Irrsinnigen«, Selbstmördern und Verbrechern, da diese für die Forschung wohl am interessantesten waren. 1805, nachdem Galls Theorien in Wien »nicht mehr erwünscht« waren, weil sie laut Kaiser Franz II. gegen die Grundsätze der Moral und Religion verstießen, übersiedelte der Anatom nach Paris. Dort fiel er nach einiger Zeit wiederum Napoleon unangenehm auf, sodass er sich 1820 endgültig auf seinen Landsitz in Montrouge zurückzog, wo er bis zu seinem Tod als Praktiker ordinierte.

Die Wiener Schädelsammlung, ebenso wie acht Afrikaner-Büsten, darunter jene von Angelo Soliman, überließ Gall 1824 seinem Freund Anton Franz Rollett, einem Badener Landgerichtsarzt, Naturforscher und Schriftsteller, für dessen Museum. Dort, im Badener Rollettmuseum am Weikersdorfer Platz 1, dem ältesten Museum Niederösterreichs, kann die Gall'sche Schädelsammlung noch heute besichtigt werden.

Doch nicht nur Haydns Kopf ist vom Hundsturmer Friedhof gestohlen worden, ebenso jener der an den Folgen einer Geburt verstorbenen deutschen Schauspielerin Betty Roose (1778–1808) nur wenige Monate zuvor.

Nach dem tragischen Ableben der Künstlerin schrieb der damals 17-jährige Franz Grillparzer in sein Tagebuch:

> *Madame Roose ist todt und mit ihr meine schönsten Hoffnungen. Blanka von Kastilien kann nie aufgeführt werden, auch Robert nicht, und was weiß ich, was alles! Es ist sehr traurig!*

Niemand ahnte, dass während der Beisetzung bereits Pläne zur Entwendung des Kopfes der »Madame« geschmiedet wurden. Auch in diesem Fall war Joseph Karl Rosenbaum der Drahtzieher des Verbrechens.

Rosenbaum (1770–1829) führte ein wenig aufregendes, gutbürgerliches Leben, so schien es jedenfalls. Er wohnte in einem frühbarocken Giebelhaus am Ledererhof 9 und teilte mit seiner Gattin Therese das Interesse an der Gall'schen Schädellehre. Die Rosenbaums hatten darüber hinaus allerdings mit Sicherheit auch noch eine etwas »kranke« Vorliebe für berühmte Totenköpfe, offensichtlich eine Art Reliquienkult, und sie benutzten Galls Theorie wohl eher als Legitimation für die Aneignung echter Schädel zu »Forschungszwecken«. Die ersten, noch unbekannten Köpfe hat sich das Ehepaar Rosenbaum aus der Prosektur des Allgemeinen Krankenhauses Wien besorgt, bei den spektakuläreren Trophäen musste zur Beschaffung dann auch Freund Peter mithelfen. Den Ablauf bei der Jagd auf Betty Rooses Kopf notierte Joseph Karl Rosenbaum detailgenau in sein Tagebuch:

Donnerstag, 27. Oktober (1808):
Heute entwarf ich den Plan zur Abnahme des Kopfes.
Sonnabend, 29. Oktober:
Peter, der heute wegen Kopf der Roose mit Jungmann (Michael Jungmann, ein Beamter des Magistrats-Taxamts – J. S.) *auf dem Kirchhof war, konnte ich nicht sprechen.*

Dienstag, 1. November:
Ich ließ einspannen und wir fuhren zur Hundsthurmer Linie, dann in den nahen Gottesacker. Unser erster Gang war zu Rooses Grab. Da vollendeten wir den Plan zur Ausgrabung und Abschneidung ihres Kopfes, beratschlagten uns über die Hebung so vieler und mächtiger Hindernisse, und verabredeten mit dem Todtengräber, der ein alter verschmitzter Kerl ist und durch 25 fl. und extra »Douceur« gewonnen wurde, die Donnerstagnacht zwischen 12 und 1 Uhr zum Einsteigen in den Kirchhof, Ausgraben und Abschneiden des Kopfes …

Donnerstag, 3. November;
… In der Geisterstunde, in einer düsteren sehr umwölkten Mondnacht wandelten wir zur Linie hinaus durch Sechshaus, giengen durch die Wien zur Hundsthurmer Linie vorbei, in den Kirchhof, bestiegen die Mauer bei Rooses Grab und fanden den Todtengräber auf dem Grabe schlafend. Es war Schlag 12 Uhr, kein lebendes Wesen, nur hie und da das Bellen der Hunde regte sich. Als er wach wurde, gab ihm Peter eine Flasche Wein. … Er sagte, sein Schwiegersohn, der Halunke, sei noch nicht zu Haus, komme vielleicht erst um 2 Uhr; bis der nicht schliefe, sei er nicht sicher und könne nicht aufgraben. … Ich ärgerte mich außerordentlich. Es wurde mit dem Trunkenbold ausgemacht, dass wir morgen Vormittag hinauskommen, um mit ihm noch mal und mit allem Ernste zu reden. Dies alles wurde auf der Kirchhofmauer verhandelt.

Freitag am 4. November:
… Abends 8 Uhr begann das große Werk. Da fieng unser Kirchhofherr das Grab zu öffnen an, wurde zwar unterbrochen, doch war nach 10 Uhr schon die Abnahme des Kopfes vorüber. Über alle Beschreibung und Begriffe war der üble Geruch, der gleich einer Wolke bei Eröffnung des Sarges herausdrang und uns für des Todtengräbers Leben wirklich zittern machte. Sie war schon sehr in Verwesung übergegangen. Er wickelte den Kopf in sein Vortuch und wir bestimmten der Gefahr bei der Linie wegen, den Kopf morgen abzuholen. Er verbarg ihn sehr sorgfältig unter alten Todtentruhen in seiner Hütte. Wir staunten über unsere eigene Kühnheit, noch mehr aber über die verwegene Arbeit dieses Mannes.

Sonnabend am 5. November:
Vor 8 Uhr holten Peter und Jungmann mich ab und wir fuhren bis zur Hundsthurmer Linie in dem gelben Fiaker Batard Nr. 209, ließen innerhalb den Wagen warten, schlichen zum Kirchhof, damit uns unser alter Ami bemerkt, er wartete unser schon. Indessen er seinen Mantel nahm und den Kopf holte, sahen wir über die Mauer, dass noch in der Erde ganz frisch und die Eröffnung sehr kennbar ist. … Er ging mit unserer in aller Hinsicht theuer erkauften Beute unter weitem braunen Mantel mit uns zur Linie herein bis zur Durchfahrt durch die Wien beim Leimsieder Haus. Hier übernahmen wir den theueren Schatz, ließen den Fiaker hinkommen und fuhren über Gumpendorf durch die Stadt gleich zum Peter. Ich trug selben unter Mantel in den Garten, legte ihn im Tempel auf den Tisch und trugen ihn dann in die Grotte, sahen und untersuchten ihn noch mal und legten selben in das dazu neu gemachte, mit Wasser gefüllte und mit einem Deckel versehene Schaf. Das Gesicht war kennbar. Die linke Seite und auch ein Theil der rechten schwarzgrün, die Stirne grün und schwarz gestreift, die rechte Seite weißgelb und so wie die Nase am wenigsten entstellt und bestimmt zu kennen, die Augen zwar geschlossen, doch sehr herausgetrieben.

Voller Stolz präsentierte Rosenbaum die stinkende Trophäe seinen Freunden, von denen so manch einer daraufhin schlaflose Nächte verbrachte. Am 6. November wurden alle restlichen Weichteile vom Schädel abgelöst, in eine Urne gegeben und im Garten der Rosenbaums bestattet.

Rosenbaum berichtete:

> *Dann führte ich Hocheder* (Freundin von Betty Roose, Anm. GH) *auf den Platz, wo die theueren Überreste nahe eines Zwetschkenbaumes und der Blumenstelle zur Rechten begraben sind, gab ihr die Spiritusfackel, ersuchte sie, die Lampe anzuzünden, 3mal Rauchwerk in die Pfanne zu werfen, um die Stelle herumzugehen, 3mal die Todtenfackel zu schwingen und so den Manen ihrer verklärten Freundin, ihrer angenehmen Reisegefährtin, das letzte Opfer, die letzte Huldigung zu bringen. Ihr folgten alle übrigen und taten das Nemliche. Es war ein schauerlich feierlicher Actus. Der Abend war heiter, der Mond schien, drang durch die nahen Pappeln und beschattete gerade diese ehrwürdige Stelle, welche mit einem dauernden Monumente geehrt wird. Nach dieser vollendeten Trauerhandlung führte ich beim Schein der Rauchpfanne die Geißler und Goldmann* (Bekannte von Rosenbaum, Anm. GH) *in die Grotte und zeigte ihnen den vom Fleische entblößten Kopf … Sehr ruhig bin ich jetzt, dass dies große in aller Hinsicht gefahrvolle Werk vollbracht ist.*
>
> (Quelle: Robert Bouchal und Johannes Sachslehner, »Mystisches Wien. Verborgene Schätze, versunkene Welten, Orte der Nacht«, Wien 2004)

Acht Monate später, als Joseph Haydn verstarb, schlugen die Schädeldiebe erneut zu – dieses Mal mit dabei auch Rosenbaums Schwiegervater Florian Gassmann, der mit dem Komponisten befreundet war. Der Kopf wurde nach dem erfolgreichen Coup und der Säuberung im Garten der Rosenbaums in einem hölzernen schwarzen Sarkophag auf ein weißes Seidenkissen gebettet und ausgewählten Freunden als Kultgegenstand präsentiert. Johann Nepomuk Peter erzählte bei diesen Gelegenheiten, dass er an Haydns Schädel den von Gall lokalisierten »Thonsinn«, also die musische Begabung, nachgewiesen hätte.

100 Jahre später behauptete allerdings der Anatom Julius Tandler (1869–1936), der Haydns Schädel 1909 untersuchte, dass Joseph Karl

Rosenbaums Tagebuchaufzeichnungen nicht stimmen könnten, da er behauptet hatte, das Gehirn gesehen zu haben. Tandler konnte nachweisen, dass diese Angabe unmöglich stimmen könnte, da die Schädelkalotte nicht entfernt worden war.

Es ist also bis heute ein Rätsel, wo sich Haydns Kopf in all den Jahren tatsächlich befand und vor allem, ob in Eisenstadt heute tatsächlich der echte Schädel in Haydns Sarkophag liegt.

Wo sich der Kopf der Schauspielerin Betty Roose befindet, ist nicht bekannt.

Vielleicht liegt hierin der Grund, warum Joseph Haydns Geist noch heute am ehemaligen Hundsturmer Friedhof, also im heutigen Haydnpark herumirrt. Der kleine, alte Mann mit dem vernarbten Gesicht wurde bereits mehrmals in der Nähe seines Grabmals gesichtet, und auch seine Energie sei in der gesamten Grünanlage extrem stark zu spüren, wie uns ein Medium bestätigte, nachdem es sich mehrere Stunden in dem Park aufgehalten hatte.

Es liegt außerdem ein handfester Augenzeugenbericht von einem Pärchen aus dem Jahre 2009 vor: Susanne Gumela und Fritz Zobel, die einander in den späten Abendstunden auf dem Areal trafen. Als sie in einer lauen Sommernacht Arm in Arm durch den Park spazierten, bewegte sich plötzlich ein grauer Schatten neben ihnen her, etwa in Höhe von Haydns Grabmal. Die Gestalt war klein und zuerst noch nicht identifizierbar, eine Art dunkler Nebel, der durch die Luft waberte und sich Schritt für Schritt vorwärts bewegte. Susanne wollte in jener Nacht die Flucht ergreifen, doch ihr Freund Fritz hinderte sie daran – er war fasziniert von dem unförmigen Gebilde und sprach es sogar mit den Worten: »Na, wer bist du denn?« an. Susanne berichtet, dass sie trotz eines Anflugs von Panik beobachten konnte, wie sich der Nebel einige Sekunden, nachdem er angesprochen worden war, langsam verdichtete, sodass sie beide ein Gesicht erkennen konnten:

»Der Mann hatte dicke Lippen und eine große Nase, außerdem waren Narben in seinem Gesicht. Er sah irgendwie sehr traurig aus.«

Danach soll sich die Gestalt an den Kopf gegriffen und sich gleich darauf aufgelöst haben. Fritz berichtet:

»Ich war eher fasziniert als verschreckt, eher neugierig als ängstlich. Susanne benahm sich zwar etwas panisch, doch sie ist bei mir geblieben, worüber ich jetzt noch sehr froh bin, sonst hätte ich vielleicht an meinem Verstand gezweifelt!«

Das Pärchen recherchierte am nächsten Tag, wer ihnen im Haydnpark über den Weg gelaufen sein könnte, denn sie wussten nichts von dem Grabmal des Komponisten und schon gar nichts über die tragische Geschichte des Schädeldiebstahls. Als Susanne das Bild des Musikers im Internet sah, wurde ihr klar, dass es genau dieser Mann gewesen war, der sie ein Stück des Weges begleitet hatte.

»Als ich die Story über diese furchtbare Sache mit seinem Schädel las, musste ich weinen, denn da verstand ich, warum er so traurig ausgesehen und sich zuletzt an den Kopf gegriffen hat. Ich werde aber trotzdem nie wieder in diesen Park gehen, denn ich will dem toten Haydn nicht noch einmal begegnen – ich habe ihn zwar mit meinen eigenen Augen gesehen, verdränge mittlerweile allerdings die Tatsache, dass wir Kontakt mit einem Geist hatten.«

Fritz erzählt, dass er seit diesem Sommertag im Jahre 2009 noch öfter in der Nacht im Park war, die Gestalt jedoch nicht mehr wiedergesehen hat. »Trotzdem spüre ich eine starke Verbundenheit mit ihm, er hat sich uns gezeigt, hat vielleicht darauf vertraut, dass wir ihm helfen.«

Das zuvor erwähnte Medium wollte versuchen, Haydn »zu erlösen«, doch leider ist das Experiment nicht geglückt.

»Seine Energie ist extrem stark, er möchte nicht gehen. Ich kann nur die Seelen auf die Reise schicken, die zwar ins Jenseits gelangen wollen, es aber ohne fremde Hilfe nicht schaffen. Haydn will aber hierbleiben, das spüre ich ganz deutlich. Vielleicht hat er immer noch nicht den richtigen Kopf und sucht ihn hier auf dem Friedhof, auf dem er einst beerdigt wurde. Ohne seinen Schädel wird er diesen Ort nicht verlassen. Oder aber er kommt nicht zur Ruhe, weil die Diebe damals für die Störung seiner Totenruhe nicht bestraft wurden.«

Sicher ist, dass es immer wieder Berichte gibt, die jenem von Susanne und Fritz ähneln – und dass es sich bei der Gestalt um den toten Haydn handelt, ist sehr wahrscheinlich.

DIE BUNDESPOLIZEIDIREKTION WIEN

Das Ringtheater – Der Pechvogel Anton Bruckner und wimmernde Leichen im Nebel

Wo sich heute das Gebäude der Bundespolizeidirektion Wien befindet, Schottenring 7, 1. Bezirk, war bis Ende des 19. Jahrhunderts das Ringtheater, vormals die »Komische Oper«.

Im Oktober 1872 wurde die Errichtung des Gebäudes beschlossen, die Konzession galt für ein

> *neues, stabiles Theater auf dem Schottenring gegenüber der Börse unter dem Namen Komische Oper für theatralische Vorstellungen jeder Art und des Balletts.*

Die »Komische Oper« war als »leichte Kost« zu verstehen, als Gegenpol zur Hofoper, Vorläufer der Wiener Staatsoper.

Da nur ein relatives kleines Grundstück zur Verfügung stand, das Gebäude jedoch 1.700 Menschen Platz bieten sollte, konstruierte Emil von Förster, beauftragt mit der Planung und Ausführung, eine in die Höhe strebende Verschachtelung von Sälen, Gängen und Stiegenhäusern, die die gewünschte Größe möglich machte.

Die »Komische Oper« wurde nach nicht einmal eineinhalb Jahren Bauzeit am 17. Jänner 1874 mit dem »Barbier von Sevilla« von Gioachino Rossini eröffnet.

Der von der Aktiengesellschaft, die das Bau- und Betriebskapital für die Oper beschafft hatte, als künstlerischer Leiter eingestellte Albin Swoboda legte seinen Direktionsposten bereits am 9. März 1874 nieder. Auch alle auf ihn folgenden Direktoren scheiterten an dem Vorhaben, dem Haus ausreichend Geld in die Kassa zu spielen, zeitweise musste es wegen ausbleibenden Publikums sogar geschlossen werden.

Nicht einmal Friedrich Strampfer, Direktor ab 1878, hielt länger als drei Jahre durch, obwohl er die Oper in »Ringtheater« umbenannte und das Repertoire um Sprechstücke und Varieté erweiterte – er scheiterte nicht nur an finanziellen, sondern auch immer wieder an technischen Problemen.

Von großen Plänen sprach der neue Pächter Franz Jauner, der das Ringtheater, nachdem Strampfer das Handtuch geworfen hatte, ab Mitte 1881 leitete. Der Schauspieler und Leiter der Wiener Hofoper wollte dem Haus endlich zum großen Durchbruch verhelfen, doch dazu sollte es nicht mehr kommen, auch wenn es zunächst so aussah, als könnte Jauner die »Karre aus dem Dreck ziehen«.

Am 1. Oktober lief »Der Rattenfänger von Hameln« von dem deutschen Komponisten Victor Ernst Nessler mit gutem Erfolg, außerdem wurde der bekannte deutsche Schriftsteller Ludwig Ganghofer als Dramaturg ans Ringtheater geholt.

Eine weitere Erfolg versprechende Aufführung sollte am 8. Dezember 1881 über die Bühne gehen, es handelte sich dabei um die Oper »Hoffmanns Erzählungen« von Jacques Offenbach, die Jauner in Paris gesehen hatte. Er hatte dort die Rechte an dem Stück für Wien erworben.

Doch bereits vor Beginn der Vorstellung brach im Theater plötzlich ein Brand aus, der nicht gelöscht werden konnte – das gesamte Gebäude brannte innerhalb kurzer Zeit ab, offiziell kamen dabei 384 Menschen ums Leben, auch wenn man später von einer viel höheren Opferzahl sprach.

Ein Tuscheln und Raunen erfüllt den Saal, hi und da ist ungeduldiges Fußgescharre zu hören … alles wartet gespannt auf den Beginn der Vorstellung von Offenbachs »Hoffmanns Erzählungen«. Es ist kurz vor 19 Uhr.

Jetzt kichert dort eine junge Dame, deren Verehrer ihr gerade ein Kompliment über das bezaubernde Kleid, das sie trägt, gemacht hat, zwei Reihen dahinter hüstelt jetzt ein älterer Herr, während sich seine korpulente Gattin über die Hochsteckfrisur der Dame vor ihr beschwert. Noch ein Stück weiter hinten richtet sich ein junger Mann kerzengerade in seinem Stuhl auf und schaut nach oben, um einen Blick auf seine Angebetete zu werfen, die in der Höhe neben ihrem adeligen Cousin sitzt und stur geradeaus schaut. Links in der Ecke lacht ein 16-jähriger Junge. Bei dem Knaben handelt es sich um Ladislaus, genannt Laczi, Vetsera, den Bruder von Mary Vetsera, der Gefährtin des Kronprinzen Rudolf von Österreich, mit dem sie im Jänner 1889 in seinem Jagdschloss in Mayerling erschossen aufgefunden werden wird.

Hinter der Bühne entzündet jetzt ein Mitarbeiter des Theaters in den fünf Schaukästen die Gasbeleuchtung, damit die Besucher später den Inhalt sehen können. Als die Zündvorrichtung versagt und Gas ausströmt, bleibt dies zuerst noch unbemerkt, doch bereits nach Sekunden der Verblüffung wird von dem Bediensteten ein neuerlicher Zündversuch unternommen. Im selben Moment schießt eine riesige Stichflamme durch den Raum, die einen Vorhang erfasst. Innerhalb kurzer Zeit greift das Feuer auf die 30 Prospektzüge, an welchen die Bühnendekoration eingehängt war, über, frisst sich über den Rest der Bühne und springt in den Zuschauerraum. Die Flammen lodern mittlerweile meterhoch, beißender Rauch macht sich breit. Doch niemand kommt, um die Menschen in Sicherheit zu bringen, die in Todesangst um Hilfe schreien und sich gegen die Türen werfen, während der Saal nur vom Licht der lodernden Flammen erhellt wird. »Ich bekomm keine Luft«, ruft Laczi und versucht sich in Panik an einem der durcheinanderlaufenden Erwachsenen festzuklammern. Doch keiner achtet auf den röchelnden Jungen, die Männer und Frauen trampeln über ihn hinweg, als der Knabe ohnmächtig zu Boden sinkt.

Erst eine halbe Stunde später wird ein Rettungsversuch unternommen, der daran scheitert, dass die Notbeleuchtung, bestehend aus mehreren Öllampen, nicht brennen und sich die Notausgänge nur nach innen öffnen lassen, was aufgrund des Menschenandrangs dahinter auch von außen nicht gelingt. Während ein durch ein seitliches Fenster einströmender Luftzug das Feuer weiter anfacht, hält die Polizei im Vorraum des Theaters eingetroffene Helfer mit der Aussage »Alles gerettet« davon ab, weitere Versuche zu unternehmen, über einen anderen Weg in den Zuschauerraum zu gelangen. Mindestens 384 Menschen verbrannten qualvoll bei lebendigem Leibe, darunter auch der 16-jährige Ladislaus Vetsera.

Franz Jauner wurde kurz nach dem Unglück wegen Fahrlässigkeit zu drei Monaten Gefängnis verurteilt, sechs weitere Beschuldigte erhielten ebenfalls eine Arreststrafe. Mit dem Direktor ebenfalls auf der Anklagebank saß der damalige Bürgermeister von Wien, Julius Newald, der jedoch aufgrund erwiesener Unschuld an dem Unglück freigesprochen wurde.

Der damalige Brandbeauftragte, Toscano del Banner, berichtete 1884 in seinem im Selbstverlag erschienenen Buch, dass die Öllampen aus Geldmangel oft nur dann gefüllt wurden, wenn durchdrang, dass die »Assecuranz« zur Inspektion kam.

Die Zeitung »Neues Wiener Tagblatt« schrieb damals:

Wie ist es möglich, wie ist es gekommen, dass erst nach zwanzig, vielleicht sogar erst nach dreißig und fünfunddreißig Minuten, nachdem der Brand im Ringtheater ausgebrochen war, daran gedacht worden ist, dass Menschenleben noch gerettet werden könnten; dass erst nach Ablauf einer unter solchen Umständen bedeutenden Zeit die ersten Versuche gemacht worden sind, Rettung den im vorderen Theile des Gebäudes etwa befindlichen Personen zu bringen?

Man spekulierte hinsichtlich eines Versicherungsbetrugs, da sich das Theater im Eigentum des Stadterweiterungsfonds befunden hatte und mit einer nicht geringen Summe feuerversichert war.

Das Unglück hatte zur Folge, dass im Jahre 1882 ein neues Gesetz, die Einrichtung von Theatern und die Sicherheitsvorkehrungen betreffend, erlassen wurde. Es gründete sich die Asphaleia-Gesellschaft, die ein brandsicheres Mustertheater entwickelte und den »Metallvorhang«, den heutigen »Eisernen Vorhang«, schuf. Diese Vorrichtung, die das Bühnenhaus vom Zuschauerraum trennt, um eine sichere Flucht der Zuschauer zu ermöglichen und den Übergriff des Feuers in andere Gebäudeteile zu verhindern, ist bis heute im Einsatz, ebenso die seit dem Brand gesetzlich vorgeschriebenen nach außen öffnenden Türen und die Imprägnierung der Bühnendekoration.

Als weitere Reaktion auf das Unglück am 8. Dezember 1881 wurde die Wiener Freiwillige Rettungsgesellschaft gegründet.

Eine den Brand berücksichtigende Bauordnung für Wien von 1883 war bis Mitte des 20. Jahrhunderts gültig.

Am 16. Mai 1884 brannte das Stadttheater Wien, das heutige Ronacher, in der Innenstadt – zwölf Jahre nach seiner Eröffnung. Die Brandruine wurde 1886 von Anton Ronacher erworben, der ein »Concert- und Ballhaus« daraus machte.

Auf dem Grundstück des abgebrannten Ringtheaters wurde von 1882 bis 1885 aus privaten Mitteln von Kaiser Franz Joseph das »Sühnhaus« errichtet, auch k. k. Stiftungshaus genannt. Die Mieteinnahmen dieses Zinshauses sollten laut kaiserlichem Beschluss auf alle Zeit für wohltätige Zwecke verwendet werden. Im zweiten Stock des Gebäudes befand sich eine Kapelle, die an die Opfer der Brandkatastrophe erinnerte.

Obwohl der Zins günstig war, wollte sich das Gebäude nicht recht mit Mietern füllen, die Wiener scheuten sich offensichtlich davor, ein Haus zu bewohnen, das auf dem Platz stand, auf dem so viele Menschen auf grauenvolle Art zu Tode kamen. Einer der Ersten, die es wagten, einzuziehen, die scheinbar weder den Spuk unerlöster Seelen noch die schlechten Träume, die diese bescheren können, fürchteten, war der damals frisch verheiratete Sigmund Freud. Doch bereits fünf Jahre später, 1891, übersiedelte der Psychoanalytiker mit Hab, Gut und Weib in die Berggasse 19.

Das Sühnhaus wurde 1945 bei einem Bombenangriff schwer beschädigt und 1951 abgerissen. An derselben Stelle erbaute man von 1969 bis 1974 den Amtssitz der Bundespolizeidirektion Wien. Am Gebäude befindet sich noch eine Gedenktafel zur Erinnerung an den Brand im Ringtheater.

(Tipp: »Alles gerettet. Der Ringtheaterprozess«, Fernsehspiel unter Verwendung der Originalprotokolle nach der Textvorlage »Anatomie einer Katastrophe« von Helmut Qualtinger und Carl Merz, München/Wien 1963.)

Tatsächlich gerettet werden konnten vier Figuren, die ab 1874 auf Pfeilern unterhalb des Ringtheaterdaches standen. Dieses »Singende Quartett« befindet sich heute im Pötzleinsdorfer Schlosspark Währing, 18. Bezirk.

Die Grabstätte der Brandopfer befindet sich auf dem Wiener Zentralfriedhof, Gruppe 30A, unweit des Haupteinganges, links neben den Alten Arkaden. Die Wand mit den Namen der Todesopfer wurde im Zweiten Weltkrieg zerstört. Eine exakte Identifizierung war damals allerdings nur in rund 250 Fällen möglich gewesen. In den Tagen nach dem Brand wurde die Bevölkerung dazu aufgefordert, sich »Eintrittskarten« beim Magistrat abzuholen, um Zugang zum Hof des Allgemeinen Krankenhauses zu erhalten, wo die Leichen lagen. Man hoffte, Hinweise auf die Identitäten der Toten zu erhalten.

Totenscheine wurden nur in eindeutigen Fällen ausgestellt. Die nicht abgeholten Wertsachen der Brandopfer kamen erst 1913, also 32 Jahre später, im Dorotheum zur Versteigerung.

Heute befindet sich an dem Grabmal als gemeinsamer letzter Ruhestätte der Toten auf dem Wiener Zentralfriedhof eine allgemein gehaltene Tafel mit einem Hinweis auf das Unglück. Zu sehen ist auch die noch erhaltene trauernde Vindobona als Allegorie auf die Stadt Wien, thronend auf einem Podest am Dach des Grabmals, geschaffen von dem Bildhauer Rudolf Weyr (1847–1914). Zu ihren Füßen erhebt sich ein Phönix als Sinnbild für die Auferstehung.

Der Kopf eines Verbrannten befindet sich noch heute als Ausstellungsstück im Wiener Kriminalmuseum im 2. Bezirk, Große Sperlgasse 24.

Am 8. Dezember 1881 befand sich ein Besucher, der eigentlich hätte anwesend sein sollen, aufgrund einer Unpässlichkeit nicht im Ringtheater: Anton Bruckner.

Der österreichische Komponist wohnte ab 1877 in dem an das Theater angrenzenden Eckhaus Schottenring/Hessgasse und hatte Karten für »Hoffmanns Erzählungen« besorgt. An besagtem Abend fühlte er sich jedoch nicht wohl und beschloss, zu Hause zu bleiben. Und später musste Anton Bruckner von seinem Fenster aus mit ansehen, wie die Flammen im Nachbargebäude loderten, er hörte die Schreie der Menschen und konnte den Abtransport der Leichen beobachten. Es handelte sich, wie sich später herausstellte, um Menschen aus allen Schichten, von Dienstmädchen über Kaufleute bis zu Akademikern, die meisten waren unter 30 Jahre alt, einige noch Kinder und Jugendliche.

Bruckner litt von diesem Tag an unter einem Trauma, hatte panische Angst vor Feuer und war nicht mehr in der Lage, eine Lampe zu anzuzünden, weil er eine Explosion fürchtete. Er ersuchte um Zuteilung einer neuen Wohnung, weil er den Anblick der Überreste des einst prächtigen Gebäudes in seiner unmittelbaren Nachbarschaft nicht mehr ertragen konnte. 1895 wurde seiner Bitte stattgegeben, kurioserweise gab dafür seine krankhafte Wassersucht den Ausschlag, weswegen er es nicht mehr schaffte, die Stufen zu seiner alten Wohnung hinaufzusteigen. Seine neue Behausung war ebenerdig, was dem Zählzwang, unter dem er litt, ebenfalls ein wenig Linderung verschafft haben dürfte.

Nicht nur daran litt Bruckner, sondern er trug beispielsweise auch stets ein wasserdichtes Unterkleid, wenn er sich in die Öffentlichkeit begab, da er stets Angst vor einem unwillkürlichen Samenerguss hatte.

Der Komponist war trotzdem ein Glückskind. Schon vor dem Ringtheaterbrand entkam er 1871 »doppelt« einem schrecklichen Schicksal:

Als er sich durch ein längeres Konzert in der Albert Hall in London verspätete, da er eine ungeplante Zugabe auf der Orgel gab, raste die U-Bahn – damals noch eine von Dampflokomotiven gezogene unterirdische Eisenbahn, die ihn zum Hotel hätte bringen sollen – direkt in einen entgegenkommenden Zug. Als der Künstler in die U-Bahn-Station kam, trug man soeben Schwerverwundete hinaus. Auf der Heimreise nach Wien verpasste Bruckner sein Schiff, das später Schiffbruch erlitt. Kein Wunder also, dass der arme Mann zwanghaft war und nicht zur Ruhe kam.

Offensichtlich ebenfalls nicht zur Ruhe gekommen sind auch die Menschen, die im Ringtheater ihr Leben lassen mussten. Es liegen mehrere

Aussagen über Spuk auf dem Zentralfriedhof rund um das Grabmal der Brandopfer vor.

»Vor allem bei Nebel und leichtem Wind hört man dort ein leises Wimmern, auch tagsüber. Wahrscheinlich erinnern die Nebelschwaden die armen Seelen an den Rauch, der damals durch den Saal zog«, erzählt die 32-jährige Sabine Rittmeister, eine Friedhofsbesucherin. »Mich stört das nicht und ich hab auch keine Angst, sie tun mir nur unendlich leid.«

Eine andere Dame, die 58-jährige Helene Wagner, berichtet von einer Beobachtung, die sie im Winter 2010 machte:

»Es war sehr kalt an diesem Abend und auch schon dunkel. Ich hatte das Grab meines verstorbenen Mannes besucht und ging an der Grabstelle der Toten vom Ringtheater vorbei, als ein heller Mondstrahl auf die Phönix-Figur fiel. Da habe ich eine Art Schluchzen gehört und dachte zuerst, hinter dem Monument sitzt jemand und weint. Weil es so eisig war, konnte ich mir das nicht erklären und habe hinter das Grabmal geschaut, doch da war niemand. Ich blickte noch einmal auf den Phönix und dachte: Wie ein Phönix aus der Asche … ihr könnt das leider nicht mehr!, und da hörte ich es wieder, das Schluchzen. Dieses Mal klang es nach mehreren Personen. Das hat mich so erschreckt, dass ich davonlief. Ich bin nie wieder dort vorbeigegangen.«

Helene Wagners Enkelin, ein 12-jähriges Mädchen, hat ihrer Mutter erzählt, dass sich bei besagtem Grab immer besonders viele Krähen aufhalten, als würden sie es bewachen. Und sie hätte auf dem Weg zum Opa aus der Richtung bereits zwei Mal »ein paar Leute« weinen gehört, ohne jemanden zu sehen.

WEISSGERBERVIERTEL UND HOHER MARKT

Hetztheater, Gänseweide und manifestiertes Leid

Ein weiteres Theater, das in Wien abbrannte, war das k. k. privilegierte Hetztheater in der ehemaligen Vorstadt, im Stadtteil Weißgerber im heutigen 3. Bezirk (Landstraße).

Seine Vorläufer waren das erste Hetztheater in Wien ab 1708 im 2. Bezirk (Leopoldstadt), das später in den Gasthof »Zum Schwarzen Adler« verlegt wurde, und das zweite von 1736 bis 1743 im 3. Bezirk, Am Heumarkt 27–29.

Das k. k. privilegierte runde, hölzerne Amphitheater »unter den Weißgerbern« – oberhalb, d. h. weiter stadteinwärts, waren die Gerber angesiedelt – mit einem gemauerten Haupteingang, drei Rängen und Platz für etwa 3.000 Personen wurde 1755 errichtet und war das größte seiner Art in Wien. Es veränderte bis zu seiner Zerstörung durch einen Brand 1796 drei Mal sein äußeres Erscheinungsbild, wenn auch die Grundkonzeption gleich blieb. Gegenüber befand sich der Ochsenmarkt, an dessen Stelle man von 1840 bis 1844 das k. k. Hauptzollamt gebaut hat.

Das Grundstück, auf dem das Hetztheater stand, gehörte einem Franzosen namens Carl Defraine, dem »kays. königl. Theatral Dantzer«, auf dem laut einem Grundbucheintrag »das Hötz-Hauß stehet«. Die »Hof-Dantzer« waren zu dieser Zeit am Wiener Kaiserhof tätig, traten in spektakulären Opernproduktionen auf, wirkten bei Festen mit, unterrichteten bei Hofe und genossen hohes Ansehen.

Im Inneren des Theaters befand sich ein runder Platz, die im Durchmesser 42 Meter große Arena, in deren Mitte ein Wasserbassin mit einem Durchmesser von 4,5 Metern stand. Außerdem gab es dort einen 13 Meter hohen sogenannten Steigbaum mit einer Fahne an der Spitze, auf welchen die Hetzknechte klettern konnten, wenn ihnen die Tiere zu nahe kamen.

In der ersten Etage waren die Musiker untergebracht, die zu der »Art von Raserey« lustige Musik fidelten, zumeist handelte es sich dabei um türkische Klänge. Im hinteren Teil des Gebäudes, zu dem sechs Ausgänge von der Arena wegführten, waren die Tierzwinger untergebracht.

Thiere, welche beständig unterhalten werden. Ein Löwe. Zwey Tyger. Zehn Bären. Sechs Wölfe. Vier Wildschweine. Zwey ungarische Vollstiere. Zwey Schweizer Vollstiere. Zwey Hirsche. Einige Füchse, Daxse und Luxe. Drey und siebenzig Hunde. Außer den angezeigten Tieren werden bey jeder Hetze allzeit zwey frische ungarische wilde Ochsen, die man von den hisigen Fleischhakern wählt, gehetzt.

An die rechte Seite des Theaters war das Haus des Verwalters gebaut worden, der sich um die Tiere zu kümmern hatte.

1766 erhielt Carl Defraine eine Verlängerung der Erlaubnis, diese brutalen Tierhetzen an Sonn- und Feiertagen in den Monaten von März bis November in dem Theater abzuhalten – die Vorstellungen waren, wie auch in den elf Jahren vorher, stets ausverkauft.

Am Vortag einer Vorstellung ritt ein Hetzmeister auf einem aufgeputzten Schimmel durch die Straßen der Stadt, um das Spektakel zu bewerben. Vor ihm her schritten zwei Trommler, welche mit dem Lärm die Aufmerksamkeit der Bürger erregen sollten. Hinter dem Hetzmeister auf dem Pferd marschierten mehrere Männer in lange, gelbe Ledermäntel gehüllt, die Zettel an die Menge verteilten. Der Zug bewegte sich zumeist durch ganz Wien, wobei sich ihm immer mehr Menschen anschlossen, die dahinter her liefen. Am nächsten Tag begann die Vorstellung meist gegen 13 oder 14 Uhr, der Einlass erfolgte eine halbe Stunde davor. Danach begaben sich die Wachen ins Theater, außerdem die Militärtambours mit Pfeifern der Garnison, die auf dem Balkon Platz nahmen, wo auch bereits die Musiker begonnen hatten zu spielen. Endlich verkündete eine Fanfare den Beginn der

Spiele! Zuerst wurde meist ein Stier in die Arena getrieben, den man mit in rote Gewänder gehüllten Strohpuppen reizte, bis er total nervös und dadurch unberechenbar war. Danach ließ man eine Meute wilder Hunde auf den Platz, die sofort anfingen, den Stier zu attackieren. Oft gesellten sich auch einige Hetzknechte unter der Anleitung des Hetzmeisters in die Arena, welche die Hunde zusätzlich anstachelten oder selbst auf den Stier losgingen, manchmal warf man auch mit Granaten nach den Tieren. Natürlich nahm der Stier seine Widersacher auch auf die Hörner, und während dann die Hetzknechte auf die Steigbäume flüchteten, wurden die Hunde wie Stofftiere durch die Luft geschleudert und auf ihnen herum getrampelt, bis nur noch ein Brei aus Blut und zermahlenen Knochen auf dem sandigen Boden des Platzes zu sehen war. Doch es wurden immer neue Hunde in die Arena getrieben, bis der Stier zu müde war zum Kämpfen, zu Boden ging und unter dem lauten Gejohle der Menge totgebissen wurde. Zeitweise hetzte man auch Raubkatzen, Auerochsen, Wildschweine, Bären, Wölfe und andere wilde Tiere aufeinander. Die Vorführungen, bei welchen auch Wetten abgeschlossen wurden, dauerten meist bis zum Anbruch der Dunkelheit.

In einem Brief vom 11. März 1776, den ein Besucher der »Hetze« an einen Freund schrieb, heißt es:

Man geht über eine ganz schmale Treppe hinauf, nimmt eine Loge, oder aber setzt sich in die Runde, wo man glaubt, den Kampf am besten sehen zu können. Im zweyten Stocke sitzt eine Troup Soldaten, welche alle rothe Röcke anlegen, und die Zuschauer mit einer elenden Musik (die man die türkische heißt) bis zum Anfange des Spektakels unterhalten müssen. ... Ich war ganz Aug, das erste streitbegierige Thier zu sehen, und was war es? – ein dürrer, ausgemergelter hungarischer Ochs. ... Die Hunde zerrissen dem Ochsen ganz jämmerlich die Ohren; das arme Thier brüllte vor Schmerzen gegen eine Viertelstunde, bis endlich die Hetzknechte ihm ein Sail um die Hörner warfen, ihn losmachten, und zurückführten. Hierauf kam ein Tanzbär .... Während des ganzen Schauspieles bemerkte ich verschiedene Mienen, und Grimassen an den Zuschauern. ... Auch das zarte

Geschlecht sah gierig zu, wie sich die armen Thiere zerreißen sollten. … Da haben Sie nun den ganzen Begriff der hiesigen Hetze …

(Quelle: http://text.habsburger.net)

Carl Defraine verstarb 41-jährig 1768, zwei Jahre nach Verlängerung seiner Konzession, in seinem Haus im Hetztheater, das bald darauf unter der Verwaltung der »k. k. Obersten Theatral-Direktion« stand und dem Staat hohe Summen einspielte, die der Armenkasse (»Cassa Pauperum«) zugeführt wurden. Geleitet wurde das Hetztheater jeweils von einem Pächter, unter anderem von einem Wundarzt. Zu dieser Zeit fanden im Hetztheater vereinzelt auch Zirkusdarbietungen statt.

Am 1. September 1796 brach ein Feuer in dem Gebäude aus:

Des Abends, nach 8 Uhr, brach in dem Hetz-Amphitheater, unter den Weißgärbern, im Heustadl, ein heftiges Feuer aus, das in diesem ganz von Holz erbauten Gebäude schnell um sich griff, und es in Zeit von wenigen Stunden bis auf den Grund abbrannte. Bey der gänzlichen Windstille, und den eilig herbeygekommenen, sehr zweckmäßigen und wirksamen Anstalten, war man so glücklich, alle nebenstehenden Häuser, Gärten, Magazine und Holzvorräthe vollkommen zu retten, und ist dabey kein Mensch zu Schaden gekommen. Aber in dem Hetzgebäude ist alles von der heftigen Flamme verzehrt worden. Bloß einige Hunde und der Auerstier wurden gerettet und in Sicherheit gebracht! Alle übrigen zahlreichen und kostbaren Thiere, 2 Löwen, 1 Panther, mehrere Bären, Wildschweine, Ochsen etc. kamen unter entsetzlichem Gebrülle, in der Flamme um. Nach 12 Uhr war diese gelöscht, und nach und nach ward auch das Kohlfeuer gedämpft.

(Quelle: Wiener Zeitung, 3. September 1796)

… Nur der Fuchs und der Auerstier retteten sich. Jener vergrub sich mitten auf dem Hetzplatz in die Erde, dieser trabte ganz scheu und furchtsam davon und stellte sich selbst in dem offenen Ochsenstall eines Fleischhauers ein …

(Quelle: Joseph Freiherr von Hormayr, »Wien, seine Geschicke und seine Denkwürdigkeiten«, Wien 1824)

Kaiser Franz II. ist persönlich bei der Brandruine erschienen und hat angeblich seiner Erleichterung Ausdruck verliehen, dass diese Stätte widerlicher Schauspiele nicht mehr existierte: »Neu erbaut soll die Hetze nicht werden!« Der Herrscher hatte sich angeblich ohnehin stets gewundert, dass »seine« Wiener ein solches Schauspiel vergnüglich fanden. Der Kaiser stand zu seinem Wort – das Hetztheater, bei dessen Brand zwar keine Menschen, jedoch Tiere im Wert von etwa 24.000 Gulden (heute etwa 215.000 Euro) zu Tode kamen, wurde nicht wieder aufgebaut. Ein Teil des gemauerten Vorderbaus, in dem üblicherweise der Hetzmeister wohnte, blieb vom Feuer verschont und wurde weiter genutzt, beispielsweise als Fassbinderei.

Im Jahr 1828 errichtete man auf dem Areal das Haus »Zum Schwarzen Rössel«, 1853 den k. k. Poststadel, 1902 das Gebäude der k. k. Post- und Telegraphendirektion. Heute ist dieses nach schweren Bombenschäden wiederaufgebaute Haus mit Sitz einiger Ämter im Besitz der Bundesgebäudedirektion. Die Adresse des Komplexes auf dem Grund und Boden der ehemaligen »Belustigungsstätte« lautet Hintere Zollamtstraße 13 und – zur Erinnerung an die entsetzlichen Tierquälereien – Hetzgasse 2.

Der Autor Gerhard Roth erzählt in seinem Buch »Eine Reise in das Innere von Wien« darüber hinaus, dass das Haus in der Hetzgasse 4 um die Jahrhundertwende abbrannte – drinnen befand sich die Redaktion der satirischen Zeitschrift »Die Fackel« von Karl Kraus.

Die Bewohner der ehemaligen Wiener Vorstadt waren Spektakel zum Gaffen gewohnt, ebenso wie Feuer, denn an der Peripherie von Weißgerber wurden ab dem 14. Jahrhundert auf der »Gänseweide« zum Tode Verurteilte auf dem Scheiterhaufen hingerichtet, der sich auf der seit 1862 sogenannten Weißgerberlände 2–10 befand.

12. März 1421: Zahlreiche Wiener machen sich an diesem Tag bereits früh am Morgen auf den Weg zur Gänseweide, denn heute ist ein ganz besonderer Tag. »Brennen sollen die Juden«, hört man einen alten Mann rufen, woraufhin zustimmendes Gejohle zu hören ist. Sogar Kinder marschieren durch die Vorstadt hin zur Hinrichtungsstät-

te, sie freuen sich auf das Feuer, in dem heute besonders böse Menschen verbrannt werden. »Die Mama hat gesagt, heut zünden's Juden an«, freut sich ein 12-jähriger Junge, der es gar nicht mehr erwarten kann, die Flammen züngeln zu sehen. Auf der Gänseweide angekommen, gesellt man sich zu den Bekannten und Nachbarn, die auch alle erschienen sind, um der Hinrichtung beizuwohnen. Die Stimmung steigt, die Schaulustigen sind vorfreudig erregt. Endlich ist es soweit, die dem Tode Geweihten werden durch das Armensündergassl (heute Weißgerberlände) *herangeführt, es handelt sich um 120 jüdische Frauen und 92 jüdische Männer. »Jetzt nützt ihnen das ganze Geld nichts mehr!«, geifert ein Mädchen hämisch und spuckt vor einem alten, weißhaarigen Mann, der gefesselt an ihm vorbeigeführt wird, auf den Boden. Die Gaffer drängen nach vorne, sie wollen alle die Juden brennen sehen. Es wird getuschelt, gelacht und gespottet, und endlich ist es soweit – zuerst die Frauen, dann die Männer, bald brennen sie alle lichterloh, während beißender Rauch und der Geruch von verbranntem Fleisch über die Gänseweide zieht und die jubelnden Zuschauer einhüllt. Was für ein schönes Feuer.*

Warum Herzog Abrecht V. die Wiener Judengemeinde ausrotten ließ – dieses Unterfangen wurde »Wiener Geserah« genannt –, ist bis heute nicht eindeutig geklärt. Ob er religiöse, finanzielle oder politische Gründe hatte, wird vielleicht für immer ein Rätsel bleiben. Offiziell lautete die Begründung »allgemeine Bosheit« und »Hostienfrevel« – in Enns soll eine Mesnerin das Sakrament entwendet und dem Juden Israel und seiner Frau verkauft haben.

Fest steht, dass die Juden zu dieser Zeit mit dem Wirtschaftsleben eng verbunden waren und von den Landesfürsten oft als Geldgeber herangezogen wurden. Plötzlich jedoch hieß es, es würden alle Juden in Wien gefangen genommen, was am 23. Mai 1420 geschah. Schon bald darauf hat man die ärmeren Juden des Landes verwiesen und auf Schiffen die Donau hinuntergetrieben, die wohlhabenden Frauen und Männer blieben in Haft und wurden unter Folter zur Herausgabe ihres Vermögens gezwungen. Kinder unter 15 Jahren hat man zwangsgetauft. Etliche Juden, die die Schande nicht ertragen konnten, darunter auch Israels Frau, nahmen sich und teilweise ihren Angehörigen das Leben.

Am 12. März 1421 wurde die »Geserah«, das judenfeindliche Urteil, Herzog Albrechts verlesen:

> *... hat der obgenannt unser gnädiger herr alle Judischait allenthalben in seinem lanndt auf heutigen tag geschafft zu richten mit dem prannt.*

Die in den angeblichen Hostienfrevel verwickelte Mesnerin wurde am 16. April desselben Jahres hingerichtet.

Auch die einzige Hexenverbrennung in Wien wurde auf der Gänseweide vollzogen. Elsa Plainacher war beschuldigt worden, ihre Enkelin Anna verhext und für den Teufel abgerichtet zu haben. Als sich das damals 15-jährige, geistig beeinträchtigte Mädchen, das zudem an Epilepsie litt, tatsächlich »besessen« verhielt und noch dazu in einer Befragung angab, ihre Großmutter füttere im Stall Schlangen mit Milch, und da auch ein dreimaliger Exorzismus keine Besserung brachte, wurde Elsa in Gewahrsam genommen. Nach einer Hetzpredigt des Jesuiten Georg Scherer vor dem Stephansdom forderte das Volk die Folterung der Elsa Plainacher, damit sie geständig wäre. Die damals 70-Jährige wurde daraufhin einer dreimaligen Folter unterzogen, bei der sie zuletzt alles gestand, was man ihr vorwarf. Am 27. September 1583 wurde Elsa auf ein Brett geschnallt, das an den Schwanz eines Pferdes befestigt vorbei an der schadenfrohen Menge zur Hinrichtungsstätte gezogen wurde, wo man sie auf dem Scheiterhaufen verbrannte. Ihre Asche wurde in die Donau gestreut.

Auch »Sodomiten« fanden auf der Gänseweide den Tod: 1637 Hans Ruob – übernatürlich große Sünde, Verbrennen bei lebendigem Leibe, 1672 Jacob N. – Bestialität, Verbrennen bei lebendigem Leibe, 1674 Jacob Fuehr – mehrfache Bestialität, Enthauptung und Verbrennung, sowie 1699 Stephan Pfenning, der ebenfalls der »Bestialität« angeklagt war. Pfennings Pferd ist ebenfalls hingerichtet, vermutlich geviertelt worden.

Köpfen und anschließendes Verbrennen schlugen sich im Rechnungsbuch des Wiener Unterkammeramtes mit neun Gulden und 16 Kreuzer nieder, das wären heute nicht einmal 100 Euro.

Allerdings floss auch bei jeder Hinrichtung Geld ins Töpferl zurück, denn das Publikum spendete üblicherweise nach der »Vorstellung« für die Unterstützung der Hinterbliebenen. Der Tod eines Menschen stand dem Wiener Publikum »höher als ein Volksfest«, stellte der österreichische Publizist und Schriftsteller Adolf Bäuerle (1786–1859) fest.

Bis zum Beginn des 18. Jahrhunderts loderten die Flammen auf der Gänseweide, erst Kaiser Karl VI. hat den Scheiterhaufen 1733 abgeschafft. Später fanden auf dem Areal militärische Exekutionen von Deserteuren statt.

Bevor man die Delinquenten zur Hinrichtungsstätte brachte, waren viele von ihnen im Malefizspitzbubenhaus, von 1368 bis 1785 das Kriminalgefängnis der Stadt Wien in der heutigen Rauhensteingasse 10 im 1. Bezirk. In den unterirdischen Zellen, die sich auch noch unter den Nachbarhäusern befanden, wurden die Gefangenen mit eisernen Ringen um den Leib angekettet, bei Wasser und Brot gehalten und oft grausam gefoltert – auch Elsa Plainacher hat man in den Räumen des Malefizspitzbubenhauses zu ihrem Geständnis gezwungen. »Auf die Dacken kommen« bezeichnet noch heute im Wiener Volksmund Menschen, die »abgerutscht« sind, was sich auf die zerschlissenen »Strohdacken« in den Zellen bezieht.

Irgendwann kam es dann zur »peinlichen Befragung«. Zu den Folterinstrumenten, die der »Freimann« dabei anwendete, gehörten Daumen- und Fußschrauben sowie die Streckbank, auf der die Arme und Beine aus den Gelenken gerissen wurden. Danach wurde der Inhaftierte durch die »peinliche Halsgerichtskommission«, die an einem schwarz gedeckten Tisch saß, auf dem drei brennende Kerzen standen, erneut verhört. Leugnete er weiter, übergab man ihn erneut dem Freimann. Insgesamt durfte die Folterung höchstens eine Stunde dauern.

Wurde ein Insasse des Malefizspitzbubenhauses zum Tode verurteilt, erfolgte die öffentliche Hinrichtung durch Vierteilen oder Köpfen meist bei der Gerichtssäule auf dem Hohen Markt, was rund einen Gulden kostete. Hier stand auch die Kapelle »Zur Todesangst Christi«. Der letzte Weg des Verurteilten führte dabei durch die heutige Liliengasse, im Volksmund damals ebenfalls »Armensündergassel« genannt. Begleitet wurde der Zug – meist von Kavallerie angeführt – von zahlreichen Schaulustigen. Auf der Hinrichtungsstätte angekommen, durfte der Verurteilte beichten und eine Abschiedsrede halten, oft übernahm das aber auch ein Priester. Die Gaffer wurden währenddessen mit Arme-Sünder-Würsten oder -Heringen und Galgenbier verköstigt.

Die Hinrichtung des Raubmörders Severin Jaroszynski am 30. August 1827 schildert Adolf Bäuerle folgendermaßen:

> *An dem Tage, an welchem die Execution Jarosinsky's (sic!) statt fand, arbeiteten 300.000 Menschen nichts. Die Fabriken und Werkstätten blieben leer, Männer, Weiber, Kinder, Greise füllten die Straßen und wallten zur Richtstätte hinaus. Nachdem der Verbrecher an demselben Abende unter dem Galgen begraben worden war und die Menschen in ihre Wohnbezirke zurück wanderten, gingen sie noch nicht in ihre Häuser. Es mußte noch in den Schenken von Jarosinsky gesprochen werden bis in die tiefe Nacht. Am andern Tage setzten sie die Galgennummern Jarosinskys: 7, 11, 34 in der Lotterie. Sehr gute Geschäfte machten an jenem Tage die Würstel- und Branntweinverkäufer unter dem Galgen. Man will wissen, dass damals 300.000 Würstel, eben so viele Semmel und gewiss 100.000 Gläser Schnaps consumirt wurden …*
>
> (Quelle: Robert Bouchal und Johannes Sachslehner, »Mystisches Wien. Verborgene Schätze, versunkene Welten, Orte der Nacht«, Wien 2004)

Auch die sogenannten »Urthel-Weiber« machten an solchen Tagen laut Bäuerle gute Geschäfte: Sie kauften dem Buchdrucker ein Exemplar des Todesurteils um einen Kreuzer ab und verkauften es in der Menge um 50 Kreuzer oder mehr.

1785 ließ Kaiser Joseph II. das Malefizspitzbubenhaus schließen, die Gefangenen wurden in der Folge im »Rumorhaus« am Tiefen Graben 37 und im Schrannengebäude am Hohen Markt untergebracht. Hinrichtungen fanden am Hohen Markt von 1328 bis 1839 statt. Weitere bekannte Hinrichtungsstätten für Zivilpersonen in Wien befanden sich bei der »Spinnerin am Kreuz« auf dem Wienerberg, wo der Verurteilte mit Schwert, Rad oder am Galgen getötet wurde, außerdem Am Tabor, heute der Abschnitt des Donaukanals zwischen Taborstraße und Schwedenplatz, wo man vor allem Frauen in Säcke eingenäht und ertränkt hat. Am Schweinemarkt, heute Lobkowitzplatz, fanden Hinrichtungen durch Erhängen statt. Eine der ältesten Hinrichtungsstätten war der Rabenstein, der sich in der Nähe des heutigen Schlickplatzes befand, auf dem die Delinquenten ab 1311 auf einer »Bühne« für alle Zuschauer gut und weithin sichtbar erhängt wurden.

Da die öffentlichen Exekutionen oft in Schlägereien unter Betrunkenen ausarteten, weshalb auf der Richtstätte bei der »Spinnerin am Kreuz« einmal sogar eine Zuschauertribüne zusammenbrach, wurden ab 1873 Hinrichtungen nur noch im »Galgenhof« des Landesgerichts durchgeführt – die letzte am 24. März 1950, gehenkt wurde an diesem Tag der Raubmörder Johann Trnka.

Zwischen 1787 und 1795 war die Todesstrafe in Österreich kurzfristig gänzlich abgeschafft worden. Das Militär vollzog die Todesstrafe in Österreich bis 1955, meist auf dem Militärschießplatz Kagran. Bei dem letzten Exekutierten in Kagran handelte es sich um einen ehemaligen Aufseher im Konzentrationslager Mauthausen. Im Jahre 1968 wurde die Todesstrafe aus dem Militärrecht gestrichen.

Die Leichen der Getöteten blieben bis ins 17. Jahrhundert auf der Hinrichtungsstätte liegen oder hängen und wurden von Raben, im Volksmund »Tauben des Scharfrichters« genannt, aufgefressen. Die Asche der Verbrannten streute man in die Donau. Später wurden die Körper durch Mitglieder der Wiener Totenbruderschaft sofort nach der Vollstreckung des Todesurteils vom Richtplatz entfernt.

Am Zentralfriedhof, unter anderem in der Gruppe 40, wurden die von 1942 bis 1945 auf dem Schafott im Landesgericht Getöteten begraben. Man hat die Leichen mit Straßenbahn-Lastwaggons heimlich zum Friedhof befördert, die Angehörigen der Hingerichteten erfuhren nichts davon. So lautet beispielsweise die Auskunft an den Vater eines gewissen Anton Mayer:

> *Das Urteil gegen Ihren Sohn Anton ist am 22. Oktober 1943 vollstreckt worden. Ihrem Antrag auf Herausgabe des Leichnams vermag ich nicht zu entsprechen.*

So groß die Faszination der Menschen an öffentlichen Hinrichtungen auch war, so groß ist ihre Angst vor den Hinrichtungsstätten selbst und ihrer Umgebung, genannt Galgenacker, gewesen. Immerhin war hier der Ort, wo man einem Verurteilten in jenem magischen und zugleich schauderhaften Moment zwischen Leben und Tod in die Augen sehen konnte.

Auch der Aberglaube im Zusammenhang mit Hinrichtungen trieb oft seltsame Blüten. So glaubte man zum Beispiel, dass sich in einem »Armensündergassl«, wenn man es schon betreten musste, stets nur eine gerade Anzahl von Menschen aufhalten durfte. Sollte jemand ungeachtet dessen in eine solche Gasse hineinspazieren und dabei der dritte, fünfte … Passant sein, würde ihm noch im selben Jahr schreckliches Unheil widerfahren.

Eher skurril mutet der Brauch an, »ein Stückerl« vom Leichnam eines Exekutierten zu ergattern – besonders beliebt waren ein Daumen oder ein Fingerglied. Diese Körperteile wurden als magische Amulette verwendet und galten als Glücksbringer. In der Geldbörse verwahrt, sollten sie für immerwährenden Reichtum sorgen und unter der Hausschwelle vergraben hatten sie die Funktion des Hüters über das gesamte Anwesen. Kaufleute und Gastwirte platzierten einen Diebesdaumen auch gerne einmal versteckt in ihren Waren oder unter der Theke, dort sollte er zahlreiche Kunden anlocken. Allerdings schafften es nur die mutigsten Wiener, in der Nacht auf die Richtstätte zu gehen und dem Hingerichteten, der ja womöglich auch nur scheintot war oder – falls tatsächlich tot – sich aus dem Jenseits rächen würde, etwas abzuschneiden. Damals dürften einige Mutproben in Form von Leichenteildiebstählen stattgefunden haben. Daher kursierten tatsächlich nur relativ wenige dieser Souvenirs, vor allem seit die Leichen durch die Totenbruderschaft relativ bald nach der Exekution abtransportiert wurden.

Wie bereits erwähnt, gehörten die Armesündergässln in Wien zu den gruseligsten Orten der Stadt, die, wenn sie nicht gerade durch einen Hinrichtungszug und Schaulustige bevölkert waren, von den Menschen möglichst gemieden wurden. Man fürchtete, dort die unerlösten und auf Rache sinnenden Seelen der Exekutierten anzutreffen, vor allem nach Einbruch der Finsternis.

Genau das scheint noch heute in der Liliengasse im 1. Bezirk der Fall zu sein. Etlichen Erzählungen zufolge kann man in dem Innenstadtgässchen, das die Singerstraße mit der Weihburggasse verbindet, immer wieder vorbeihuschende Schatten aus den Augenwinkeln erkennen.

Ein stadtbekanntes Medium, das die Liliengasse immer wieder aufgesucht hat, behauptet, dass sich an diesem Ort nicht unbedingt die Seelen der Hingerichteten aufhalten, sondern die manifestierte Panik der dem Tode Geweihten ebenso wie die jahrhundertealten Ängste der Wiener, die sich beim Durchschreiten der Gasse fürchteten. Aber auch diese Art von »Spuk« werde natürlich, so das Medium, von sensiblen Menschen wahrgenommen – die gebündelten und verdichteten Furchtenergien »fliegen« an ihnen vorbei und über ihre Köpfe hinweg oder sie kriechen sogar durch die Körper von Personen aus Fleisch und Blut, was ein Kribbeln erzeugen oder gar ein Schwindelgefühl hervorrufen könne. Hier könne man keinesfalls Seelen erlösen oder von ihren Qualen befreien, da diese sich ja woanders aufhalten, erklärt das Medium. Man müsse die negativen Schwingungen, die sich aus der Geschichte Wiens ergeben, an manchen Orten in der Stadt einfach akzeptieren und solle diese Stellen, so man sich nicht gruseln wolle, einfach meiden. Schauriger gehe es auf jedem einzelnen Gottesacker oder auf den Hinrichtungsstätten selbst, zum Beispiel am Hohen Markt, zu. Gott sei Dank merken die meisten Wiener davon nichts, so das Medium, und werden ihrem Ruf als »morbides Volk« voll und ganz gerecht.

DAS OTTO-WAGNER-SPITAL

Kinderklinik »Am Spiegelgrund« – Tote Kinder und ein kleiner Junge

Die Irrenanstalt muss in einer anmuthigen Gegend liegen, geeignet das Gemüth zu erheitern.

Das war die Bedingung des Landes Niederösterreich, als es den Bau des Otto-Wagner-Spitals auf der Wiener Baumgartnerhöhe Penzing, 14. Bezirk, zu Beginn des 20. Jahrhunderts in Auftrag gab. Damals gehörte das Gebiet allerdings noch zu Niederösterreich, Wien war zu der Zeit kein eigenes Bundesland. Bei dieser Bedingung war allerdings wohl der Wunsch, Geisteskranke auch weiterhin von der Außenwelt zu isolieren und von der Gesellschaft auszugrenzen, der Vater des Gedankens. Offiziell hieß es, die Landesirrenanstalten seien überfüllt, man wolle sichergehen, mit dem Bau der »Baumgartner Höh« keine weitere Unterbringungsstätte in Wien mehr errichten zu müssen, und dass kein Zubau von Wohnhäusern in dieser Lage erwartet würde. Das Grundstück kostete das Land Niederösterreich 4.413.553 Kronen und besitzt heute einen Wert von etwa 20 Millionen Euro.

Entworfen wurde die »geschlossene Anstalt«, gelegen am Südhang des Wilhelminen- oder Gallitzinberges im Westen des Wienerwaldes, von der Regierung, errichtet hat man sie jedoch erst nach einer Überarbeitung der Pläne durch den bedeutenden österreichischen Architekten Otto Wagner in den Jahren 1904 bis 1907. Damals war das »Irrenhaus« hinter einer fast fünf Kilometer langen Mauer versteckt.

Das Jugendstilgebäude »Am Steinhof«, so benannt wegen der Kargheit des damals steinigen Gebietes, besteht aus insgesamt 60 Pavillons und einem Jugendstiltheater im Zentrum des Komplexes. Die strenge Mittelachse diente früher der Geschlechtertrennung: Links waren die Frauen untergebracht, rechts die Männer. An der höchsten Stelle dieser Mittelachse liegt die Jugendstilkirche »Zum heiligen Leopold«, die von Otto Wagner entworfen wurde und aufgrund deren Aussehens man die Baumgartner Höhe auch »Lemoniberg« nennt: Ihre Kuppel gleicht einer halben Zitrone.

Von 1904 bis 1907 arbeiteten täglich an die 5.500 Arbeiter, um die »Stadt in der Stadt« zu bauen, in der bald darauf rund 5.000 (heute sind es etwa 4.000) Menschen, Personal und Patienten, lebten. Man legte sogar eine eigene provisorische Eisenbahnlinie an, um die Materialien heran- und abzutransportieren.

Das Gebäude war für die psychiatrische Spitalsbehandlung von Wienern vorgesehen und wurde topmodern ausgestattet. Es besaß sogar, als absolut revolutionäres Highlight für die damalige Zeit, abwaschbare Wände in allen Räumen, die zur Behandlung der Nerven- und Geisteskranken dienten.

Nach dem Ersten Weltkrieg hat man die westlich gelegene Sanatoriumsabteilung, die für gut zahlende Privatpatienten reserviert war, geschlossen und an ihrer Stelle eine unabhängige Lungenheilstätte errichtet, aus der sich seit den 1960er-Jahren ein innovatives Zentrum der Lungenheilkunde entwickelte. Ebenso wurde aus der Einrichtung zur Behandlung der Knochentuberkulose eine moderne orthopädische Abteilung mit einem chirurgisch-orthopädischen Schwerpunkt im Bereich des Gelenkersatzes.

1922 wurde im Gebäude die erste österreichische Trinkerheilstätte gegründet.

Seit 2000 besteht das nun so genannte »Sozialmedizinische Zentrum Baumgartner Höhe Otto-Wagner-Spital mit Pflegezentrum« aus den Einrichtungen Förderpflegeheim Baumgartner Höhe, Neurologisches Krankenhaus Maria-Theresien-Schlössl, Pflegeheim Sanatoriumstraße, Psychiatrisches Krankenhaus Baumgartner Höhe und Pulmologisches Zentrum Baumgartner Höhe.

Der österreichische Schriftsteller Thomas Bernhard (1931–1989), der 1967 Patient der Lungenheilstätte »Am Steinhof« und im Pavillon »Hermann« untergebracht war, schrieb in seiner Erzählung »Wittgensteins Neffe«:

... Er war immer dann in Steinhof eingeliefert worden, wenn seine Umgebung vor ihm nicht mehr sicher war, wenn er auf einmal über Nacht allen mit dem Umbringen drohte und seinen eigenen Brüdern nichts weniger als deren Erschießen oder Erwürgen ankündigte und er war entlassen worden, wenn er von den Ärzten und ihrem medizinischen Größenwahn vollkommen zerstört gewesen war, wenn sich in ihm kaum mehr etwas regte, wenn er kaum den Kopf, geschweige denn seine Stimme erheben konnte ... Im Pavillon Hermann gab es ebenerdig nur sieben Zimmer, an die dreizehn oder vierzehn Patienten erwarteten in ihnen nichts anderes als den Tod. Sie schlürften in hauseigenen Schlafröcken auf dem Gang hin und her und verschwanden eines Tages auf immer.

Die Erzählung handelt von Bernhards Freund Paul Wittgenstein, der zur selben Zeit im Otto-Wagner-Spital untergebracht war wie Bernhard. Wittgenstein galt als manisch depressiv und sehr exzentrisch:

... Aber der Paul ist nicht verrückter gewesen, als ich selbst bin, denn ich bin wenigstens so verrückt wie der Paul gewesen ist, wenigstens so verrückt wie die Leute sagen, dass der Paul gewesen sei, nur bin ich zu meiner Verrücktheit auch noch lungenkrank geworden.

Ab Juli 1940 richtete man die Fachabteilung »Wiener städtische Jugendfürsorgeanstalt ›Am Spiegelgrund‹« ein, mit ursprünglich neun Pavillons mit insgesamt 640 Betten, die etwa ein Jahr später umstrukturiert und umbenannt wurde in »Heilpädagogische Klinik der Stadt Wien – Am Spiegelgrund« und ab 1943 »Wiener städtische Nervenklinik für Kinder« hieß. Es handelte sich hierbei um die zweitgrößte »Kinderfachabteilung« des Deutschen Reiches. Man versuchte nach außen hin zu vermitteln, dort kranke, behinderte und erblich belastete Kinder und Jugendliche therapieren zu wollen. 1940 ist das Gebäude im Rahmen der T4-Aktion, die nachträglich so genannte erste Phase der NS-Euthanasiemorde, »entleert« worden. Rund 3.200 Patienten wurden von hier aus in die »Tötungsanstalt« Schloss Hartheim bei Linz deportiert.

Bis 1945 kostete die NS-Tötungsmedizin insgesamt rund 7.500 Patienten der Klinik »Am Steinhof« das Leben.

Lichterstelen beim Otto-Wagner-Spital in Wien Penzing zum Andenken an die Opfer vom Spiegelgrund

T4 war die Abkürzung der Adresse Tiergartenstraße 4 in Berlin, wo sich die geheime Zentraldienststelle der Nationalsozialisten befand, in der die systematische Massentötung psychisch kranker und geistig behinderter Menschen geplant und organisiert wurde. Dort fuhren auch die Busse mit den Todeskandidaten ab. Insgesamt sind im Rahmen dieser Aktion in den Jahren 1940 und 1941 zwischen 70.000 und 100.000 Menschen von SS-Ärzten und NS-Pflegepersonal ermordet worden. Jede Auffälligkeit musste an die Gesundheitsämter gemeldet werden, dieser Befehl war natürlich inoffiziell. Offiziell wurde die T4-Aktion im August 1941, nach Protesten aus der Bevölkerung und seitens der Kirche, wieder eingestellt, doch das Euthanasieren (Euthanasie, altgr. »schöner Tod«) mittels Gas, Medikamenten, Nahrungsentzug oder Injektionen ging weiter.

In der Kinder-Euthanasie-Klinik »Am Spiegelgrund« wurden im Pavillon 18 die »asozialen« Kinder eingesperrt, im Pavillon 17 die

»erbbiologisch minderwertigen«, also »missgebildeten und idiotischen« Kinder gefoltert, im Pavillon 15 sind die »aussortierten« euthanasiert, sprich ermordet worden. Zwischen 1940 und 1945 wurden fast 800 Kinder getötet. Heute befinden sich im Pavillon 18 die Sozialpsychiatrische Ambulanz, im Pavillon 17 das Zentrum für Förderpädagogik mit vier Förderklassen für pflegeabhängige, schulpflichtige Kinder und im Pavillon 15 die Geriatrische Abteilung.

In den offiziellen Begründungen hieß es, die Kinder seien »nicht bildungsfähig«, »nicht arbeitsverwendungsfähig« oder »nicht erziehbar«. Meist wurden nach der Verfügung »zur weiteren Behandlung« die jungen Patienten mittels überdosiertem Schlafmittel, das hohes Fieber, Gewichtsverlust und Infektionen hervorrief, »in einen besorgniserregenden Zustand« – so die Information an die Eltern – versetzt, der in der »sanften Erlösung durch den Tod« endete. Fast in jedem Fall wurde Lungenentzündung als Todesursache angegeben.

»Am Spiegelgrund« wurden mit den Kindern auch Experimente wie beispielsweise Impfversuche durchgeführt.

Es sind drei Fälle dokumentiert, in denen Eltern die »Euthanasie« ihres Kindes ausdrücklich erbaten – die Ärzte »zeigten Verständnis« und erfüllten ihnen den Wunsch. Wenn Eltern die Unterbringung ihrer Kinder in der Klinik verweigerten, wurden ihnen wirtschaftliche Sanktionen angedroht.

Die »unerziehbaren« Jugendlichen, die »Am Spiegelgrund« dem Tod entkamen, wurden in »Jugendschutzlager« eingewiesen, eine Umschreibung für Kinder-KZs.

Stationsarzt der Klinik war der Psychiater Dr. Heinrich Gross (gestorben 2005), der bis zu seiner Pensionierung an Gehirnen und anderen Organen der – auch von ihm – ermordeten Kinder weiterforschte – dafür ist er 1959 mit dem Theodor-Körner-Preis ausgezeichnet und 1975 mit dem Ehrenkreuz für Wissenschaft und Kunst I. Klasse belohnt worden, das man ihm jedoch 2003 wieder aberkannte. Den Zugang zu den Präparaten hat ihm 1953 vermutlich seine frühere Kollegin, die Pathologin Dr. Barbara Uiberrak, ermöglicht.

Gross, der 1954 wieder in den Dienst der Stadt Wien eintrat, ist für seine Taten nie bestraft worden. Das erste Verfahren, bevor der ehrenwerte Doktor dann so richtig Karriere machen konnte – etwa ab 1962 als Primarius »Am Steinhof«, ab 1968 als Leiter des für ihn geschaffenen Ludwig Boltzmann-Instituts zur Erforschung der Missbildungen des Nervensystems –, fand 1950 statt. Bis 1948 befand Gross sich in russischer Gefangenschaft, danach saß er zwei Jahre lang in Untersuchungshaft. Das Urteil – zwei Jahre Haft wegen Totschlags – wurde im April 1951 wieder aufgehoben, das neue Verfahren im Mai desselben Jahres eingestellt. Danach setzte Gross seine medizinische Laufbahn in der städtischen Nervenheilanstalt Rosenhügel fort. Ein neuerlich eingeleitetes Verfahren im Jahr 2000 wurde nach 30 Minuten wegen Gross' Verhandlungsunfähigkeit abgebrochen und ist 2006, nach seinem Tod im Dezember 2005, eingestellt worden.

Friedrich Z., ein Insasse der Klinik »Am Spiegelgrund«, der die Folter durch Gross im Pavillon 17 überlebt hat, berichtet, dass der Arzt von den kleinen »Patienten« den Spitznamen »Doktor Speiberl« bekam, weil er Injektionen verabreichte, auf die hin die Kinder tagelang »speiben« mussten.

Die Geschichte des aus den Fängen von »Doktor Speiberl« geretteten Mannes wurde 2007 von der österreichischen Moderatorin, Drehbuchautorin und Regisseurin Elisabeth Scharang unter dem Titel »Meine liebe Republik« verfilmt.

Zwischen 1945 und 1948 gab es einige Volksgerichtsprozesse gegen weiteres beteiligtes Personal, unter anderen waren der damalige Klinikleiter Dr. Ernst Illing, die Ärztin Dr. Marianne Türk und die Pathologin Dr. Barbara Uiberrak angeklagt worden.

Uiberrak sagte 1946 in ihrem Prozess: »Fast jeder der einzelnen Fälle ist wissenschaftlich gesehen hoch interessant. Wir haben ›Am Steinhof‹ noch alle 700 Gehirne, in den meisten Fällen auch die Drüsen mit innerer Sekretion, fixiert, sodass sie jederzeit einer wissenschaftlichen pathologischen Untersuchung zugeführt werden können. Ich glaube, dass es lohnend wäre, einige Fälle aus jedem Jahr herauszugreifen.«

Obwohl sie fast jede einzelne Kinderleiche persönlich seziert hatte, will sie nie einen Hinweis auf unnatürliche Todesursachen bemerkt haben.

Illing sagte aus: »... Die Meldung erfolgte in der Regel erst vier bis sechs Wochen nach der Aufnahme, nachdem das Krankheitsbild geklärt war ... Der Reichsausschuss erteilte nun in den Fällen, die ›behandelt‹ werden sollten, schriftlich die Ermächtigung, und auf Grund dieser Ermächtigung erfolgte die Todesbeschleunigung. ... Die Art der Todesbeschleunigung erfolgte zunächst durch Luminal, das eingenommen wurde. Das waren an sich keine tödlichen Dosen, da man den Eltern dieser Kinder Gelegenheit bieten wollte, ihre Kinder noch lebend zu sehen und andererseits auch nach außen hin die Sache getarnt wurde, es sollte von diesen Todesbeschleunigungen niemand wissen. Es sollte ein allmählich schlechter werdender Krankheitsverlauf, der zum Tode führte, eintreten. Dann wurden auch noch Injektionen gegeben ...«

Illing wurde wegen Mordes zum Tode durch den Strang verurteilt, das Urteil hat man am 13.11.1946 vollstreckt. Türk erhielt eine zehnjährige Freiheitsstrafe, doch nachdem sie wegen ihres schlechten Gesundheitszustandes haftunfähig geworden war, hat man den weiteren Strafvollzug 1948 vorläufig eingestellt, die Verbüßung der Reststrafe wurde ihr 1952 erlassen. Später wurde die Ärztin beruflich rehabilitiert, indem sie ihren akademischen Grad zurückerhielt. Dr. Barbara Uiberrak ging straffrei aus.

(Quelle: Matthias Dahl, »Die Tötung behinderter Kinder in der Anstalt ›Am Spiegelgrund‹ 1940 bis 1945«, in: Eberhard Gabriel und Wolfgang Neugebauer (Hg.), NS-Euthanasie in Wien, Wien 2000, S. 75–92)

Noch 1998 waren im Otto-Wagner-Spital einige dieser »neurobiologisch interessanten Gehirne«, in Gläsern in Formaldehyd eingelegt, ausgestellt, 2002 wurden sie endlich in Urnen auf dem Zentralfriedhof beigesetzt. Seit November 2003 erinnert ein Mahnmal an die ermordeten Kinder in Form von 772 Lichtstelen auf der Grünanlage vor dem Anstaltstheater des Otto-Wagner-Spitals. Jede der etwa 80 Zentimeter hohen Metallsäulen besitzt einen Lichtpunkt an ihrer Spitze, der sich mit Einbruch der Dämmerung aktiviert. Die enge Anordnung soll die Situation der Kinder »Am Spiegelgrund« symbolisieren.

Fotos und Namen der hier ermordeten Kinder stehen im »Totenbuch«, zu finden unter www.gedenkstaettesteinhof.at

Im Juni 2011 hielt ich mich an einem Sonntagabend auf dem Gelände beim Otto-Wagner-Spital auf, um mich dort ein wenig umzusehen. Es war der Sterbetag eines der getöteten Kinder »Am Spiegelgrund«, und ich wollte schauen, ob einer der Lichtpunkte an den Säulen an diesem Sonntag stärker strahlte als alle anderen. Es heißt nämlich, dass am Todestag jedes Opfers ein Licht heller leuchtet.

Ich warf einen Blick durch die Dämmerung über das Stelenfeld, das in geheimnisvoller Stille vor mir lag, konnte jedoch kein helleres Licht erkennen. Plötzlich sah ich oben vor dem Theater, das gerade renoviert wurde, einen etwa 5-jährigen Jungen, der reglos da stand und in meine Richtung blickte. Ich wurde für einen Moment starr vor Schreck, dann hob ich die Hand und winkte. Doch der Junge erwiderte meinen Gruß nicht und verharrte an derselben Stelle. Da fuhr ein heftiger Windstoß über die Lichtsäulen, zerrte an meiner Kleidung und zerzauste mein Haar, während die Böe den Buben nicht einmal zu berühren schien – weder die kurze Hose noch seine Jacke flatterten im Wind und sein Seitenscheitel saß noch immer tadellos. Seltsam, dachte ich. Der Wind brauste jetzt ziemlich heftig, das Getöse war fast ohrenbetäubend. Als in der Ferne ein Hund bellte, erwachte ich gänzlich aus meiner Erstarrung und wollte auf den Jungen zugehen, doch ich stolperte. Als ich wieder hochschaute, war das Kind nicht mehr zu sehen. Ich lief so schnell ich konnte zum Theater hoch, doch der Bub blieb wie vom Erdboden verschluckt.

Es schien mir ein Ding der Unmöglichkeit, dass das Kind ins Gebäude gegangen war, dafür hatte ich ihn zu kurz aus den Augen gelassen, als ich gestolpert war. Und warum sollte ein so kleiner Junge um diese Uhrzeit allein dort herumlaufen? Warum war er so merkwürdig gekleidet? Warum hat der Wind ihn offensichtlich gar nicht berührt?

Fragen, auf die es keine Antworten gab.

Zu Hause angekommen, sah ich mir alle vorhandenen Fotos der »Am Spiegelgrund« getöteten Kinder an, zwar voller Angst, den Jungen wiederzuerkennen, doch zugleich dasselbe hoffend. Aber ich konnte ihn nicht finden. Es wird ein Rätsel bleiben, wen oder was ich an diesem Sonntagabend beim Otto Wagner-Spital gesehen habe. An Geister glaube ich nicht …

DER COBENZL

Reichenbachs immer noch leuchtende Od und eine Sothen-Schwade

Eigentlich steht im 19. Wiener Gemeindebezirk Döbling gleich zwei Mal ein Cobenzl. Denn einerseits bezeichnet man mit diesem Namen umgangssprachlich den 492 Meter hohen Latisberg südlich vom Kahlenberg und andererseits den dem Latisberg vorgelagerten um rund 110 Meter niedrigeren Reisenberg.

Um den Reisenberg, den man auch als »Hangstufe« des Latisberges bezeichnet, geht es in folgender Geschichte.

Die erste historische Erwähnung fand der Berg – dessen Name sich entweder vom Reisig ableitet oder von der Tatsache, dass an ihm häufig das Erdreich abrutschte, was ihn zum »reisenden Berg« machte –, im Jahr 1238 als Reysenperge. Bereits im 13. und 14. Jahrhundert wurde hier Wein angebaut, und zwar vom Stift Zwettl und vom Stift Klosterneuburg. Kaiser Rudolf II. übergab die Gründe im 16. Jahrhundert den Jesuiten, für die man auch zwei Häuser dort gebaut hat.

Nachdem die Gesellschaft Jesu 1773 durch den Papst aufgehoben worden war, erwarb Philip Graf von Cobenzl (1741–1810) das Gelände auf dem Reisenberg, der wiederum die beiden Häuser zu einem Sommerschloss mit einem skulpturengeschmückten Park umgestalten ließ und zusätzlich eine Meierei errichtete. Er machte seinen Besitz auch der Öffentlichkeit zugänglich und hat

Leuten von Distinction Einlaß in seinen Park gewährt,

wie der Autor Franz Anton de Paula Gaheis in seinem 1798 erschienenen Buch »Wanderungen und Spazierfahrten in die Gegenden um Wien« berichtete. Diese volksfreundliche Maßnahme machte den Graf und sein Anwesen sehr populär, weshalb der Reisenberg im Volksmund zu dieser Zeit bereits »Cobenzl« genannt wurde. Gaheis schrieb auch von einem Teich,

> *auf dem Schwäne, türkische Aenten und anderes Geflügel herumschwimmen,*

von künstlichen Wasserfällen und sogar von einer Grotte, an deren Wänden die wunderbarsten Mineralien glänzten.

Von der Grotte existiert heute nur noch ein Kupferstich. Doch unterhalb des Parkplatzes, etwas abseits des Weges durch den Wald, finden aufmerksame Wanderer den Teich von damals, den Gaheis beschrieb. Wie ein altes Gemälde zeigt, muss der Blick über diesen romantischen Teich hinauf zum Schloss atemberaubend gewesen sein.

Im Sommer 1781 war Wolfgang Amadeus Mozart zu Gast bei Philip Graf von Cobenzl und ließ sich auf dessen Schloss und in der lieblichen Umgebung zu dem einen oder anderen Meisterwerk inspirieren. In einem seiner Briefe an seinen Vater Leopold schrieb er:

> *… der schöne Blick vom Cobenzl zu Stadt Wien, aber ich habe 1 1/2 Stunden Gehweg zu meiner Baronin, die ich hier unterrichten muß …*

Während der französischen Okkupation wurde das Schloss in Schutt und Asche gelegt. Graf Cobenzl begann zwar wieder mit dem Aufbau, starb aber noch vor der Fertigstellung. Danach wechselte das Gebiet samt Gebäude mehrmals den Besitzer, bis es 1887 von einem Konsortium erworben und in ein Hotel umgewandelt wurde, das die damaligen Eigner, weil es sich nicht rentierte, 1907 an die Stadt Wien verkauften. Nun baute man eine von Grinzing ausgehende »staubfreie Automobilstraße« mit Serpentinen auf den Cobenzl, auf der ab 1909 auch Linienbusse verkehrten. 1912 wurde dem Hotel ein Café-Pavillon angegliedert, hinter dem Gebäude lag ein Gutsbetrieb. Im Zweiten Weltkrieg diente das Hotel als Lazarett und Kommandostelle einer Flak-Division, bis Februar 1951 als Flüchtlingslager. Von dieser Zeit zeugen etliche in die Rinden der alten Bäume geritzte Jahreszahlen und Inschriften von Soldaten.

Nachdem das Hotel bereits stark restaurierungsbedürftig geworden war, ließ es die Stadt Wien im Jahr 1966 abreißen. 1980 brannte das Café ab. Wo sich einst der Schlosspark befand, existiert heute nur noch eine kleine Wiese mit einigen Bänken in der Nähe des Parkplatzes. Ein Stück von diesem Grasfleck entfernt befindet sich ein unterirdischer Raum, der frühere »Eiskeller« des Schlosses. Der gemauerte Eingang zu dem Gewölbe liegt mitten im Wald und ist erkennbar an einer V-förmigen Vertiefung im Boden. Eine schmale Ziegeltreppe führt mehrere Meter hinunter in die unheimliche »Höhle«.

1983 wurde das gesamte Anwesen von Olaf Auer übernommen, der noch im selben Jahr das runde Café am Parkplatz wiedereröffnete. Drei Jahre später baute Auer ein neues kleines Schloss im barocken Stil, das »Schloss Restaurant Cobenzl«. In den späten 1980er-Jahren erhielt der landwirtschaftliche Betrieb einen neuen Leiter und ist jetzt ein Weingut, dahinter liegt das Landgut – ein kleiner Bauernhof mit Öffentlichkeitszugang –, das vom Forstamt und Landwirtschaftsbetrieb der Stadt Wien betrieben wird.

Doch zurück ins 19. Jahrhundert. Nach Franz Simon von Pfaff, unter dessen Leitung auch Johann Strauß Vater im Schloss am Cobenzl aufspielte, erwarb Karl Ludwig Freiherr von Reichenbach (1788–1869) im Jahr 1835 das Gebäude.

Der Industrielle, Chemiker, Naturforscher und Philosoph hatte den Beinamen »Zauberer vom Cobenzl«, weil er allerlei für damalige Zeiten seltsam anmutende Experimente auf seinem Schloss sowie auf Friedhöfen in der Umgebung veranstaltete.

Bereits während seiner Studienzeit in Tübingen fiel der junge Karl ein wenig aus der Norm, als er 1806 eine Geheimgesellschaft zur Errichtung einer Kolonie auf Tahiti in der Südsee (Otaheiti-Gesellschaft) gründete. Ende 1808 wurde die Gesellschaft von der Polizei entdeckt und die meisten ihrer Mitglieder wegen des Verdachts auf Hochverrat verhaftet. Reichenbach war damals für einige Zeit auf der Festung Hohenasperg in Württemberg inhaftiert.

Ab 1816 ging Reichenbach, nach seiner Hochzeit mit Friederike Erhard, der Tochter eines wohlhabenden Buchhändlers, auf Reisen.

1830 entdeckte Reichenbach während seiner Tätigkeit in den Eisenhüttenwerken des Grafen Salm in der südmährischen Stadt Blansko das Paraffin, 1832 das Kreosot, ein antiseptisches Phenolgemisch. Außerdem errichtete er die ersten Walzwerke in Böhmen und Mähren. Seine Entdeckungen brachten dem Chemiker bald ein beachtliches Vermögen ein und führten 1839 zu seiner Nobilitierung als Freiherr.

Am 15. November 1833 ging in Blansko ein Meteorit nieder, was Reichenbach dermaßen faszinierte, dass er unter großem finanziellem Aufwand eine bedeutende Meteoritensammlung anlegte, von der Teile noch heute an der Eberhard-Karls-Universität in Tübingen zu begutachten sind. Zwei Stücke des Meteoriten von Blansko, die Reichenbach 1834 im Tausch erwarb, sind im Naturhistorischen Museum in Wien ausgestellt.

Nachdem seine Gattin Friederike im Mai 1835 gestorben war, kaufte Reichenbach das Areal am Cobenzl. Die Maulbeerbäume, die er dort pflanzte, um Seidenraupen zu züchten, wachsen noch heute auf dem Berg.

Ab 1841 hatte sich Reichenbach der Untersuchung wissenschaftlicher Grenzgebiete verschrieben. So entdeckte er, was man heute als Aura bezeichnet. Reichenbach nannte diese dem Magnetismus ähnliche Lebenskraft »Od« und behauptete, dass besonders begabte Menschen, also Sensitive, diese Strahlung in lichtlosen Räumen wahrnehmen könnten. Es fanden zahlreiche Versuche mit Freiwilligen im Keller des Schlosses und auf Friedhöfen statt, was die damalige Bevölkerung dazu veranlasste, Reichenbach zu meiden.

Ein zeitgenössischer Bericht schildert das dubiose Treiben des »Zauberers vom Cobenzl«:

… Das Gelaß, zwei Klafter unter der Erde, war mit schwarzem Tuch ausgeschlagen, das Luftloch durch Panzer und Platten dicht verschlossen. In dieser Finsternis lag allerhand Gerät, das den Zauberer ergötzte und unterstützte. … Magnete und Elemente hielten sich mit langen Drähten umschlungen. In einem Aquarium schwammen Fi-

sche und allerhand Wassergetier. Kristalle, Retorten standen umher, und ein einsames Monochord (einsaitiges Musikinstrument) harrte des Augenblicks, das seine Saite zum Schwingen bringen würde. Kann es uns daher wundern, daß sich in kurzer Zeit ein geheimnisvoller Kranz düsterer Sagen um Reichenbachs Gestalt schlang und die Weinhauer im nahen Grinzing sich manch schauerliche Geschichte vom Zauberer zuraunten, der da oben in rätselhafter Einsamkeit lebte. Wer am Schloß vorüberging, schlug dreimal das Kreuz. Reichenbach vereinsamte später vollständig, hauste mit einer alten Bedienerin alleine in dem verwahrlosten großen Schloß und ließ sich gänzlich verborgene Pfade vom Cobenzl zum Kahlenberg anlegen, deren Ein- und Ausgang von Gestrüpp verdeckt waren. Seine wenigen Anhänger empfing der übergroße und hagere Mann in einen wallenden Faustmantel gehüllt und von faustischem Wust umgeben. In finsteren Nächten zog er auch auf den Grinzinger Friedhof hinab und stellte mit einem Medium Versuche an frischen Gräbern an, die nach seiner Lehre vom »Od« gleichfalls ein für Sensitive wahrnehmbares Licht ausstrahlen sollten …

In Reichenbachs 1856 erschienenen Buch »Odisch-magnetische Briefe« beschreibt er diverse Versuche und berichtet über seine Forschungsergebnisse. Hier einige Auszüge aus dem »5. Brief« des Werks:

Die Blumen werden aus dem Dunkel heraustreten und wahrnehmbar werden. Erst werden sie in Form einer verschwommenen grauen Wolke sich aus der Schwärze der allgemeinen Finsternis herausheben. Später werden sich darin hellere Stellen bilden. Endlich werden sie auseinander gehen, die einzelnen Blüten werden unterscheidbar werden, immer heller erscheinend werden Gestalten sich erkennen lassen; und als ich dem verstorbenen Professor Endlicher, dem berühmten Botaniker, der Mittelsensitiver war, einen solchen Topf vorgesetzt hatte, rief er mit erschrockenem Erstaunen: Es ist eine blaue Blume, es ist eine Gloxinie! Es war in der Tat Gloxinia speciosa, var. coerulea, die er in absoluter Finsternis gesehen und nach Form und Farbe erkannt hatte. Ohne Licht kann man aber in der Finsternis nichts sehen; Licht muß also dagewesen sein, um die Pflanze mit solcher Deutlichkeit wahrnehmen zu können, daß nicht bloß die Gestalt, sondern sogar die Farbe erkannt wurde. Und woher kam hier dies Licht? Es kam in der Tat aus der Pflanze selbst. Sie leuchtete!

Lassen Sie die sensitive Person ihre eigene Gestalt beschauen. Sie wird mit einiger Betroffenheit sich selbst leuchtend finden, nicht bloß ihre Arme, auch ihre Füße, ihre Beine, ihre Brust, ihren Leib durch die Kleider hindurch, alles wird sie in feiner Glut schimmernd erblicken. Richten Sie Ihre Aufmerksamkeit auf die Hände. Erst werden sie einem grauen Rauche ähneln, dann werden sie einem Schattenriss auf schwach erhelltem Grunde gleichen, endlich werden die Finger selbstleuchtend auftreten, sie werden das Ansehen haben, das sie gewinnen, wenn man seine Hand dicht vor eine Kerzenflamme hält. Wie durchscheinend. Die Hand wird länger erscheinen als sie wirklich ist; an jedem Finger wird sich eine leuchtende Verlängerung befinden, und es wird von feiner Spitze eine Leuchte außtrömen, die nach Umständen halb bis ganz so lang ist, als jeder Finger selbst. Die Hand wird durch diese feurigen Schweife, die an jedem Finger sich befinden, ihre wirkliche Länge um das Doppelte zu überschreiten scheinen. Am hellsten werden die letzten Gliedchen der Finger sein, und auch an diesen werden die Nagelwurzeln vorleuchten.

Wenn die erste Verwunderung über diese bis jetzt verborgen gebliebene Selbstleuchte aller Menschen sich gelegt haben wird und Sie wollen die Frage auf ihre Farbe richten, so werden Sie vielleicht mit neuer Überraschung hören, daß diese zwischen verschiedenen Teilen des Leibes nicht gleich sei, daß die rechten Hände in bläulichem Feuer leuchten, während die linken gelbrot erscheinen, und daß eben darum jene dunkler, diese heller seien, daß der gleiche Unterschied zwischen beiden Füßen stattfinde; daß selbst die ganze rechte Seite Ihres Gesichts dunkler, bläulicher sei als die linke, ja, daß die ganze rechte Seite Ihres gesamten Leibes bläulich und etwas dunkler, die ganze linke Seite aber rötlich-gelblich und merkbar heller sich darstelle. Unverzüglich muß Ihnen beifallen, daß Sie hier auf denselben Farbengegensatz von Blau und Rotgelb stoßen, der Ihnen im Kristalllicht, im Sonnenschein und in den Magnetflammen begegnet ist.

Wird der Parallelismus, der sich zwischen kühlem und blauem

Odlichte, wie zwischen blau und rotgelb überall einfand, auch beim Menschenlicht sich finden und beweisen lassen? Das halten Sie für zweifelhaft, und doch, wenn eine solche Tatsache sich nicht herstellen ließe, würde die Natur des Menschenlichtes rätselhaft dastehen.

Ich habe mit dem fünfzigjährigen Tischler Bollmann in Wien, einem Mittelsensitiven (August 1845), folgenden Versuch gemacht: in seine linke Hand legte ich meine Rechte, so nämlich, daß unsere Finger sich kreuzten, aber kaum berührten. Nach einer Minute ersetzte ich meine Rechte durch meine linken Finger. So wechselte ich einige Male hin und her ab und erfuhr dabei, daß der Sensitive meine rechte blauleuchtende Hand kühler empfand als meine linke gelbleuchtende, welche ihm um vieles wärmer erschien. Das Gesuchte war gefunden. Ich wiederholte das Erforschte nach gerade mit mehr als hundert anderen Sensitiven in unzähligen Abänderungen, an denen es sich ebenso oft bestätigte. Dann dehnte ich es über Wangen, Ohren, Augen, Nasenflügel, ja über Zungenhälften in zahllosen Varianten aus; immer erhielt ich nur ein Ergebnis, daß mittels der linken sensitiven Hand die Rechte jedes Menschen, gleichviel ob männlich oder weiblich, kühler, die Linke dagegen wärmer empfunden wurde. Und somit sehen Sie, daß der Mensch von der Rechten zur Linken geradeso und mit den nämlichen Merkmalen dual ist, wie ein Kristall zwischen den Polen seiner großen Are, wie der Magnet zwischen seinem Nord und Süd, wie das Sonnenlicht zwischen Blau und Rotgelb.

In einem weiteren Buch mit dem Titel »Wer ist sensitiv, wer nicht? Oder kurze Anleitung, sensitive Menschen mit Leichtigkeit zu finden«, das 1865 erschien, beschreibt Reichenbach bestimmte Merkmale der Sensitiven. Eines davon (§33) lautet:

Frägt man die Menschen nach den Einwirkungen, die mancherlei wankende Dinge auf sie haben, so finden die Nichtsensitiven ihr Vergnügen am Tanze, an Schaukeln, am Caroussell, an Wasserfahrten im Kahne, an der Schönheit eines Wasserfalles oder eines im Winde wogenden Kornfeldes, und ähnlichen Bewegungen. Ganz anders sprechen sich Sensitive darüber aus. Alle diese Drehungen und unruhigen Schwankungen sind ihnen zuwider. Sie wenden den Blick da-

von ab und können sie es nicht, so geschieht es oftmals, daß sie ihnen erst Magenweh, dann Erbrechen und andere Zufälle verursachen. Die Sensitiven sind darum auch vorzugsweise die, welche zuerst von der Seekrankheit befallen werden, und so sehr daran leiden, daß sie bei größeren stürmischen Reisen selbst in Lebensgefahr gerathen. Einen Kreisel, eine Pirouette nur zu sehen, kann ihnen schon übel machen. Nur wenige von ihnen tanzen, und wenn sie es thun, so geschieht es mit Selbstüberwindung und im beständigen Kampfe gegen unbesiegbaren Schwindel.

Reichenbach starb 1869 in Leipzig. In seinen letzten Jahren verbitterte er immer mehr, da kein anderer Forscher seine Experimente wiederholen konnte, was ihm herbe Kritik einbrachte.

Im Jahr 1855 kam das Schloss in den Besitz von Johann Karl Freiherr von Sothen, der noch 1842 als armer Trafikant gelebt hatte und durch verschiedene Transaktionen zu großem Reichtum gelangt war. Unter anderem war er verantwortlich für die Einführung des Promessenspiels, das »Verheuern und Vermiethen von Staatsanleihen« in Wien, bei dem er so manch krummes Geschäft abschloss. Als er endlich genug Geld erschwindelt hatte, kaufte er sich von einem deutschen Großherzog ein Adelsprädikat und eröffnete eine Bank, mit der er, da er Wucherzinsen verlangte, vermögend wurde. Eine weitere Einnahmequelle des Freiherrn von Sothen war sein »Sothen'sches Comptoir«, Vorläufer eines Reisebüros, über das er »Lustritte auf den Kahlenberg« auf Eseln anbot.

Nach außen hin präsentierte sich der Gauner als Wohltäter, der mit Spenden an Waisenhäuser, Witwenfonds und Feuerwehren seinen Ruf aufpolierte und von dem man sich erzählte, dass er sich täglich nach Dienstschluss bei der Verabschiedung von seinen Angestellten die Hand küssen ließ. Die meisten seiner Geschäfte waren »unsaubere« und den Großteil seines Reichtums verdankte der unechte Freiherr waschechtem Betrug. Er ließ sich die Ziehungsergebnisse vom »Kleinen Lotto« aus der Stadt mit Brieftauben senden und setzte die Zahlen in der Annahmestelle in Sievering, die nach der Ziehung noch Wetten annahm.

Auf dem Cobenzl betätigte Sothen sich als Weinbauer, ließ auf dem Pfaffenberg am Gspöttgraben, unterhalb des Baumkreises »Am Himmel«, die Sisi-Kapelle erbauen und errichtete außerdem auf der dem Reisenberg vorgelagerten Bellevue-Höhe eine Gaststätte. Diese wurde später in ein Kinderheim und danach in ein Sanatorium umgewandelt, in dem auch Sigmund Freund als Assistenzarzt tätig war.

Gerüchten zufolge beobachtete Sothen die Arbeiter auf seinem Gut am Cobenzl ständig mit dem Fernrohr und strich ihren Lohn, wenn er sie bei einer Pause erwischte. Seine Ehefrau Franziska soll auf einem Pferd durch die Weinberge geritten sein und mit der Reitpeitsche nach Lust und Laune auf die in ihren Diensten stehenden Leute eingeschlagen haben.

Wenn man diesen Berichten Glauben schenkt, so mag es wenig verwundern, wie Sothen zu Tode kam: Er wurde 1881 von einem Förster erschossen, den er kurz zuvor entlassen hatte, da der Mann ihn um eine Lohnerhöhung gebeten hatte. Der Täter wurde nach dem ursprünglichen Todesurteil von Kaiser Franz Joseph I. begnadigt.

Bei seinem Begräbnis, das unter großem Polizeiaufgebot stattfand, wurde der Sarg von der Bevölkerung mit Dreck beworfen. Folgender Grabspruch, der zu dieser Zeit entstand, soll auf Johann Karl Freiherr von Sothen gedichtet worden sein:

Hier in dieser Gruft / liegt ein großer Schuft. / Zeigt's kan Zwanzger runter, / sonst wird er wieder munter.

Die Sisi-Kapelle, die Sothen 1854 bis 1856 anlässlich der Vermählung von Elisabeth und Franz Joseph I. errichten ließ – wahrscheinlich um sich beim Kaiser lieb Kind zu machen –, wurde bis 2005 mehrmals aufwendig restauriert und zeigt sich heute als moderne, künstlerische Präsentation des »Kreuzweges der Natur«: Auf 14 in die Wand eingelassenen Bildschirmen wird eine Art Leidensweg der Natur durch die Eingriffe des Menschen szenisch dargestellt.

1927 wurde die Kapelle im Auftrag des Nonnenklosters »Zum armen Kind Jesu« erstmalig renoviert. Um wieder einen freien Blick auf das Bauwerk zu bekommen, ließ man 25 riesige Eichen fällen. Heute sind im Baumkreis »Am Himmel« 40 Lebensbäume zu besichtigen, die

1997 dort gepflanzt wurden. Tonsäulen mit Lautsprechern, die mit Bewegungsmeldern ausgestattet sind, berichten über die Eigenschaften und Daten der Pflanzen oder werden mit klassischer Musik bespielt.

An der Südseite in der Gruft der Sisi-Kapelle fand das Ehepaar Sothen seine letzte Ruhe … oder auch nicht.

»Es ist zehn Jahre her, seit ich dieses sehr skurrile Erlebnis hatte.«

Geisterjägerin Uschi geht im Herbst gerne Schwammerln sammeln. Da sich der Cobenzl dafür gut eignet, war Uschi auch an jenem grauen, diesigen Samstagnachmittag wieder einmal auf »Pilzjagd«. Besonders erfolgreich war sie nicht, und so setzte sie sich nach zwei Stunden relativ erfolgloser Suche auf den feuchten Boden, wo sie ihre spärliche Ausbeute im Stoffbeutel musterte. Plötzlich tippte etwas sachte auf ihre Schulter. Als Uschi sich erschrocken umdrehte, stand eine alte Frau mit langem grauem Haar und schmuddelig aussehender Kleidung hinter ihr.

»Mich hat vor Schreck fast der Schlag getroffen«, erzählt Uschi lachend, »da ich sie überhaupt nicht kommen gehört hatte. ›Sie sollten lieber nicht hier sein‹, hat das Weiblein leise gesagt. Dabei hat sie sich immer wieder umgedreht, als würde sie beobachtet. Ich habe die alte Frau nur ungläubig angeschaut und nach dem Grund gefragt. Weit und breit war niemand anderer zu sehen und ich befand mich auf öffentlichem, also legalem Boden. ›Muss man jungen Leuten immer alles erklären?‹, krächzte die Alte nun lauter. ›Es wird schon finster!‹ Ich fand diese Frau eigenartig, sie wirkte irgendwie wirr, und so hab ich versucht, höflich aus diesem unfreiwilligen Gespräch rauszukommen«, schildert Uschi. »Ich sagte ihr, dass ich keine Angst hätte, doch das schien sie keineswegs zu beruhigen. ›Na wenn'S eh so gescheit sind, dann werden Sie schon sehen‹, keifte sie mich an. ›Dann lassen Sie mir den Reichenbach lieb grüßen, wenn Sie ihm begegnen. Wenn Sie den Sothen treffen, können Sie auf ihn spucken!‹ Entrüstet wandte sie sich ab und ging dann weg. Da machten meine Schotten dicht«, lacht Uschi. »Zuerst schleicht sie sich heran und erschreckt mich, dann motzt sie mich an und redet von Leuten, die ich nicht kenne, und dann geht sie einfach weg, ohne dass ich nachfragen kann.« Inzwischen war es unangenehm feucht und kalt geworden und es dämmerte bereits. Deshalb machte Uschi sich auf den Heimweg. »Ich weiß noch, dass ich mich fragte, wohin die Frau so rasch verschwunden war«, erinnert sich Uschi, »denn ich konnte weit und breit niemanden mehr sehen. Nachdem ich mich mehrmals umgedreht und herumgeschaut hatte, ging ich weiter und hoffte, noch einige Schwammerln zu finden, bevor es stockdunkel wurde. In der Nähe der Kapelle hörte ich es plötzlich im Laub rascheln, als ob jemand mit hastigen Schritten durchmarschieren würde. Zuerst dachte ich, das Geräusch komme von weiter weg, womöglich irgendein Tier, doch ›es‹ war ganz nah hinter mir und lief zuletzt direkt auf die Sisi-Kapelle zu, bei der ich mich zu diesem Zeitpunkt befand«, erzählt Uschi. »Aber zu sehen war niemand.«

Doch dies sollte noch lange nicht alles gewesen sein, was an jenem trüben Samstag im Herbst geschah.

»Ich bin dann weitergegangen«, berichtet Uschi, »und auf einmal sah ich vor mir ein eigenartiges Licht. Es war kein heller Punkt, aber auch kein Umriss von etwas Bestimmtem, sondern eher schwadenförmig und von der Farbe her gelblichgrau. Es waberte in meine Richtung, blieb dann mit einem Mal stehen, während ich es mit offenem Mund anstarrte, und zog dann leicht nach links. Ich musste fast schmunzeln, da ich mir in dem Moment wirklich dachte: Hallo Herr Reichenbach oder Herr Sothen, wenn Sie Ersterer sind, soll ich Sie von einer alten Frau grüßen, wenn Sie der andere sind, sag ich Ihnen lieber nicht, was ich machen soll. Das war schon relativ skurril. Die leuchtende Schwade blieb auf einmal wieder stehen und hing danach einige Sekunden lang bewegungslos in der Luft. Dann wurde das Licht schwächer und verschwand schließlich ganz. Das hat mich in dem Moment völlig verunsichert«, erinnert sich die Geisterjägerin, die trotz ihrer Berufung selten auf derartig interessante Phänomene trifft. »Heute würde ich dem Vorfall sicher nachgehen, aber damals war ich nur irritiert und verwundert«, so Uschi. »Ich hab am Weg Richtung Auto noch drei oder vier Schwammerln gefunden und bin dann nach Hause gefahren. Dort musste ich sofort nachsehen, was diese beiden Namen bedeuten, und hab sie in Kombination mit dem Cobenzl auch gefunden. Ich weiß allerdings bis heute nicht, wie das Geräusch und diese Lichterscheinung zustande gekommen sind … Vielleicht war doch ein kleines Tier unter dem Laub, das ich nicht sehen und nur hören konnte, möglicherweise hat es sich um ganz normalen Nebel gehandelt, der irgendwie von hinten beleuchtet war, und ich konnte nur die Lichtquelle nicht wahrnehmen. Oder es waren tatsächlich Reichenbach und Sothen, die dort immer noch herumspuken … wer weiß!«

DIE MICHAELERGRUFT

Die »Weiße Frau« in der Nische

Die römisch-katholische Michaelerkirche am gleichnamigen Platz im 1. Bezirk ist neben dem Stephansdom und dem Schottenstift eine der ältesten Kirchen Wiens. Sie ist dreischiffig und im Stil der Romanik erbaut, einige Elemente stammen allerdings aus den Epochen Barock und Klassizismus. Geweiht wurde das Gotteshaus dem Erzengel Michael.

Mit dem Bau der Kirche, der mit der Erweiterung der Stadtmauern einherging, wurde um das Jahr 1220 begonnen. Die Gründung der Pfarrei erfolgte laut Urkunde durch den Babenberger Herzog Leopold VI. im Jahre 1221 – bei diesem Dokument handelt es sich allerdings um eine Fälschung aus dem 14. Jahrhundert.

Hinweise auf eine Vorgängerkirche gibt es nicht, auch wenn die Existenz einer solchen im 11. Jahrhundert angenommen wird, unter anderem von dem Geologen Alois Kieslinger (1900–1975). Außerdem haben Archäologen bei Ausgrabungen in den Jahren 1990/1991 vor der Kirche Überreste einer römischen Villa aus dem 2. Jahrhundert n. Chr. gefunden, was nicht weiter verwundert, da das Gotteshaus im ehemaligen Siedlungsgebiet des römischen Legionsstandorts Vindobona liegt, vermutlich sogar an einer damals wichtigen Straßenkreuzung.

Sicher ist, dass die Michaelerkirche um 1250 fertiggestellt und 1267 erstmals schriftlich erwähnt wurde – als Filialkirche von St. Stephan –, von Magister Gerhard von Siebenbürgen (Transsilvanien), einem Wiener Pfarrer, der in den 1240er-Jahren auf der Flucht vor den Tataren aus seiner Heimat nach Österreich gelangte. Als Stadtpfarrei und lange Zeit zweite Hofpfarrkirche der Habsburger-Kaiser war die Michaelerkirche keiner kirchlichen Ordensgemeinschaft unterstellt, die Stadt Wien bezahlte die Erhaltung und die dort tätigen Priester.

Im 15. und 16. Jahrhundert fanden zahlreiche Umbauten statt, ebenso im 17. Jahrhundert, nachdem die Kirche 1626 im Dreißigjährigen Krieg den Barnabiten zur Betreuung übergeben worden war und danach barockisiert wurde. Als der Orden Wien im Jahre 1920 verließ, übernahmen 1923 die Salvatorianer die Verwaltung. Die Pfarre wurde 1926 aufgelassen, 1939 wieder errichtet. Sie wird nach wie vor von den Salvatorianern geleitet, die Erhaltung übernehmen die Stadt Wien mithilfe von Spendengeldern sowie der Bundesdenkmalschutz. Ihre heutige Gestalt, vor allem die klassizistische Fassade, hat die Michaelerkirche in etwa seit 1792.

Besonders sehenswert ist neben den Katakomben (dazu später mehr) in der Michaelerkirche der teilweise überbaute Triumphbogen zwischen Querschiff und Chorraum aus dem 14. Jahrhundert. Die älteste erhaltene Kapelle ist die Kreuzkapelle, sie ist seit 1350 unverändert geblieben.

Wie im Mittelalter üblich, war auch die Michaelerkirche ursprünglich von einem Friedhof umgeben (erste urkundliche Erwähnung im Jahre 1310), der allerdings bereits 1510 von Kaiser Maximilian I. endgültig (der Beschluss erging per Dekret 1508) aufgelassen wurde. Man erzählt, der Herrscher habe es nicht lustig gefunden, auf einem der Balkone seiner Hofburg mit Blick auf den Friedhof zu stehen und auf Leichenteile zu blicken, die – da man die Toten damals nicht tief beerdigt hat – entweder von Tieren ausgegraben oder vom Regen freigelegt worden waren.

Man hat allerdings bereits zu diesem Zeitpunkt ebenso Bestattungen in der Kirche vorgenommen. Die älteste erhaltene Grabplatte am Boden des Gotteshauses stammt aus dem Jahr 1341.

1560 hat die Familie Herberstein die erste Gruft anlegen lassen, die vorerst, wie alle weiteren Grüfte verschiedenster Familien auch, nur den Reichen vorbehalten war. Die weniger wohlhabenden Menschen wurden auf einem »normalen« Friedhof im heutigen 6. Bezirk beerdigt, der ab 1660 den Barnabiten gehörte. Die Angehörigen dieses Ordens waren auch die Ersten, die die Katakomben pflegten. Unter ihrer Aufsicht wurden sämtliche Knochen geordnet und sorgsam aufgeschichtet.

Im 17. Jahrhundert entstanden die Herrengruft für Adelige ohne eigene Familiengruft, die Pfarrgruft für Kaufleute, Handwerker und Hofbedienstete und die Engelgruft für Kinder. Aus einer Verbundenheit zum Adel, zur Pfarre und zum »genius loci«, zum »Geist des Ortes«, heraus wünschten sich mit der Zeit immer mehr Menschen eine Beisetzung in den Grüften, auch wenn es von Ärzten und Gelehrten immer wieder Warnungen bezüglich der Seuchengefahr gab.

Anfänglich waren die Grabkammern nicht miteinander verbunden, der Eingang im Kirchenraum war mit einer Steinplatte verschlossen. Ungefähr ab 1775 wurden Gänge zwischen den unterirdischen Räumen gebaut, wodurch die Katakomben entstanden.

1783 verbot Kaiser Joseph II. aus hygienischen Gründen Beisetzungen innerhalb der Stadtmauern generell, also auch jene unter der Michaelerkirche.

Rund 4.000 Verstorbene waren bis dahin über eine Totenrutsche in die Tiefe befördert worden und haben dort ihre letzte Ruhe gefunden.

In den 19 Grüften gibt es heute nur noch 211 Holz-, 33 Metall- und zwei ummauerte Särge, die restlichen Totenkisten samt Inhalt sucht man vergebens. Das Rätsel der verschwundenen Leichen wurde bei Grabungen im Mittelschiff 1951 gelöst, im Zuge derer man auf zwei Schichten Knochen und Kleidung stieß: Die Holzsärge wurden von Zeit zu Zeit aus Platzgründen abtransportiert und verbrannt, die Toten mit Lehm und Sand bedeckt und im Boden eingestampft – Besucher der Katakomben wandeln also auf einem etwa eineinhalb Meter hohen Belag aus Leichen.

Kaum eine Kirche in unserem Land, ja vielleicht weit darüber hinaus, hat diese Möglichkeit, den modernen Menschen so »schonungslos« zu zeigen, dass das »Oben« mittels eines natürlichen Scharniers mit dem »Unten« verbunden ist … Memento homo quia pulvis es, et in pulverem reverteris! (Gedenke Mensch, dass du Staub bist und zum Staub wiederkehren wirst).

(Quelle: Pater Dr. Peter van Meijl, SDS, Pfarrer, in: »Zur Theologie und Katechese der Michaelergruft«, Wien 2010, www.michaelerkirche.at)

Nach der Josefinischen Reform musste die Kirche enorme finanzielle Einbußen hinnehmen, da ihre Haupteinnahmequelle aus den Begräbniskosten stammte: Eine Beisetzung in den Grüften kostete damals etwa 50 Gulden! Zum Vergleich sei erwähnt, dass ein normaler Bediensteter zu dieser Zeit zwischen einem und drei Gulden pro Jahr verdiente. Zusätzlich wurden für »Reservierungen« Gebühren eingehoben, wobei die Höhe derselben »je nach Vornehmheit der Lage« variierte.

1955, 1956 und 1957 wurde die Michaelerkirche mehrfach zum Drehort für die »Sissi«-Trilogie, da der Stephansdom nach dem großen Brand 1945 noch nicht vollständig wieder aufgebaut war.

Die Michaelerkirche wird heute vor allem von Touristen wegen der Mumien in den Katakomben besucht, da die Körper mancher Verstorbener aufgrund besonderer klimatischer Verhältnisse – eine gleichbleibende Temperatur und ein feiner Luftzug – nicht verwesen. Unter der Kirche sind etwa 250 mit Blumen, Totenköpfen, Vergänglichkeitssymbolen wie Sanduhren und auch sakralen Motiven bemalte Särge mit einigen gut erhaltenen Leichnamen zu sehen.

Die Mumien in dem Katakomben-Labyrinth sind auf Flüssigkeit aufsaugende Holzspäne gebettet, gewandet in barocke Kleidungsstücke wie Gehrock, Umhänge, Seidenpantoffel oder Schnallenschuhe, mit einst eleganten Perücken auf dem Kopf, die sie als Adelige ausweisen. In den Händen halten die meisten einen letzten Abschiedsgruß der Hinterbliebenen: Rosenkränze, Andachtsbilder und Blumen.

Anders als auf Friedhöfen ruhen die Toten hier allerdings anonym.

Eine der Ausnahmen stellt der »Gruft-Promi« dar, Pietro Metastasio (1698–1782), besser bekannt unter seinem Pseudonym Antonio Pietro, ein italienischer Dichter und Librettist, der 1729 nach Wien kam, Hofdichter der Habsburger wurde und Libretti unter anderem für Mozarts Opern schrieb. Er wurde 1782 in der »Gruft der spanischen Bruderschaft« beigesetzt, offensichtlich in einem Holzsarg, der in einen Zinnsarg gelegt wurde – dieser steht heute am vorderen Ende der Katakomben.

Auf beiden Seiten der Herrengruft sind in Halbbögen Knochen

aufgeschichtet – zur Erinnerung: Diese ursprüngliche Ordnung im Totenreich verdanken die Seelen den Barnabiten, auch wenn die Salesianer später nachgeschlichtet haben, vor allem die Särge.

Auch bei den »besonderen klimatischen Verhältnissen« musste mit der Zeit nachgeholfen werden: Als die Holzsärge dem Hunger der Rüsselkäfer zum Opfer zu fallen drohten, die Feuchtigkeit außerdem angestiegen war, wurde eine Klimaanlage in den Katakomben installiert. Die Luftfeuchtigkeit wird nun konstant bei etwa 60 Prozent gehalten, die Temperatur auf etwa 18 Grad gesenkt, was dem Rüsselkäfer langsam den Garaus gemacht hat. Doch auch die vorher herrschende hohe Luftfeuchtigkeit hat etliche Särge stark beschädigt. Diese Situation entstand offensichtlich durch die Zumauerung der ursprünglich eingebauten Luftschächte, wahrscheinlich in und nach dem Zweiten Weltkrieg.

Die Schäden an den Särgen sind inzwischen weitestgehend restauriert worden.

Ab dem Beginn des 19. Jahrhunderts führte man Menschen in die Katakomben des Stephansdoms, in die unterirdischen Grüfte, damit diese »Leichen schau'n« konnten.

Was manch einer dort erlebte, schildert beispielsweise die britische Romanautorin und Reiseschriftstellerin Frances Trollope, die St. Stephan im Dezember 1838 als »Katakomben-Touristin« besuchte, im 41. Brief ihres Buches »Wien und die Österreicher«:

> *... Statt umzukehren, wie wir es meiner Meinung nach hätten tun sollen, trieb uns der Dämon der Neugierde vorwärts. Wir stiegen die Stufen hinab, bekamen jeder ein Wachslicht in die Hand und begannen dann unsere entsetzliche Exkursion ... Es bot sich uns ein solches Bild, wie es mich sicher das ganze Leben hindurch in meinen Träumen verfolgen wird. Wir erreichten eine große, viereckige Gruft, in der unser Führer hielt, und indem er das Licht, das er trug, senkte, zeigte er uns auf dem Boden, der von ungeheuren Massen widerlichen Moders bedeckt war, einen Haufen ganzer, nackter, unbestatteter Leichen in den verschiedensten Lagen, wie sie nur der Zufall bewirken kann. Durch eine besondere Beschaffenheit der Luft, wahrscheinlich wegen*

Altarraum der Michaelerkirche in der Wiener Innenstadt

des auffallenden Mangels an Feuchtigkeit, findet die Zersetzung, welche gewöhnlich dem Tode folgt, hier nicht statt. Die Haut ist stattdessen zu dickem Leder eingetrocknet, während die Form der Körper und in vielen Fällen sogar die Gesichtszüge so unverändert blieben, dass ihre grinsende Ähnlichkeit sie uns so ergreifend und entsetzlich wie möglich macht. Die verschiedenen Stellungen und der vielfältige Ausdruck jedes gespenstischen Hauptes schien dem Tode Leben zu geben, und ich zitterte, als ich diese Dinge des Schreckens betrachtete … Nachdem unser Führer uns Zeit gelassen hatte, uns umzusehen und die ganze eklige Szene zu überblicken, fasste er eines dieser kläglichen Überreste menschlichen Seins an der Kehle, hob die Leiche vor unseren Augen hoch, ließ sie vor uns aufrecht stehen und schwenkte dabei seine Fackel so, dass wir sie in ihrer ganzen Hässlichkeit sehen konnten. Dann verbreitete er sich dabei über ihre Größe und ihre guten Proportionen, ließ plötzlich die rasselnde Leiche vor unseren Füssen fallen, hob eine andere auf, sagte, dass es ein Frauenzimmer wäre, erhob eine dritte, lehnte sie mit der Hand, in der er das Licht hielt, gegen seinen Körper und riss mit der anderen lange Streifen der vertrockneten Haut ab, um uns zu zeigen wie zähe sie sei …

(Quelle: Gabriele Hasmann, »Die geheime Geschichte von Österreichs Kulturdenkmälern, Band 1: Der Stephansdom«, Wien 2011)

Die 823 Quadratmeter große Michaelergruft wurde erst 1977 mit Einleitung des elektrischen Lichts der Öffentlichkeit zugänglich gemacht.

Seither finden täglich Führungen statt, was jemand wie folgt beschrieb:

… So stellte ich mir eine Gruft vor; kühl, dunkel, staubig, modrig und alt. Und inmitten unzählige, teils geöffnete Särge mit Skeletten, deren hohle Schädel jeden Besucher aus leeren Augenhöhlen zu beobachten schienen. An den Wänden standen auf Vorsprüngen Totenschädel auf gekreuzten Knochen, so auch auf manchem Sargdeckel. Einer dieser Schädel hatte am Unterkiefer Mineralablagerungen, die im Licht meiner Taschenlampe förmlich glitzerten. Selbst von den Särgen war ein jeder einzigartig: Es entsprach der Mentalität des 17. und 18. Jahrhunderts, sich den eigenen Sarg schon vor dem Ableben anfertigen zu

lassen … Zum Großteil wurden die Särge zu Lebzeiten der Besitzer nicht einfach auf dem Dachboden abgestellt, sondern als Möbelstück verwendet; so zum Beispiel über eingelegte Bretter als Regal oder Kleiderschrank … Ein Teil der Mumien ist so gut erhalten, dass man neben Grabbeigaben (meist Rosenkränze und Kreuze) noch Details der Seidenkleidung, Schnallenschuhe, Gürtel und gar Perücken sehen kann, selbst ein Rüschenkleid und umgeklappte Handschuhe (ähnlich heutigen Armstulpen). Diese Funde sind historisch insbesondere deshalb sehr wertvoll, da sich allgemein kaum weltliche originale Kleidung von Adligen aus dem 18. Jahrhundert erhalten hat. In der so genannten »Vesperbild-Gruft« stehen auf der rechten Seite die einzigen beiden gemauerten Särge der gesamten Michaelergruft. Auf dem größeren der beiden Särge befindet sich ein Schild mit dem Namen der Freiin Anna Polixena Krosieg, verstorben 1658. Allerdings gibt es keinen Beweis, dass sie tatsächlich darin liegt, da der Sarg niemals geöffnet wurde …

(Quelle: »Wien und der Tod – die morbiden Seiten Wiens«, in: Gothic-Magazin 52/2006, www.gruft-der-vampire.de)

Die wahrscheinlich gruseligste Leiche ist die einer nicht verwesten jungen Frau, die offensichtlich hochschwanger bestattet worden war. Allerdings könnte das Mädchen auch an einem großen Tumor im Unterleib gestorben sein – aus Pietätsgründen wurde das bis heute nicht medizinisch untersucht.

Ebenso bizarr wie der Verkauf zertifizierten Pulvers aus Michaelergruft-Särgen als »Werbegag« auf einem Flohmarkt vor nicht allzu langer Zeit ist der »Mumienrausch« des Mittelalters, wobei Tausende Mumien aufgeschnitten wurden zum Zwecke der Suche nach jener Substanz, die sich aus den von den alten Ägyptern verwendeten Harzen und Ölen zum Einbalsamieren gebildet hatte. Dieses Wachs (das ist die ursprüngliche, aus dem Persischen stammende Bedeutung des Wortes »mumia«) wurde pulverisiert und bei Lähmungen, Herzbeschwerden, zur Blutstillung und bei Blasen- und Nierenerkrankungen empfohlen. Ein besonders großer Fan dieser »Mumienmedizin« war Kaiser Franz I. Stephan, Maria Theresias Gatte, der angeblich stets »Mumia vera aegyptica« mit sich führte. Die Mumien der Michaelergruft blieben natürlich verschont, da sie ja niemals einbalsamiert wurden, schon gar nicht von alten Ägyptern.

Im Bereich der Zahlensymbolik, die in der vor Geheimnissen nur so strotzenden Stadt Wien eine große Rolle spielt, ist die Michaelerkirche Teil eines magischen Kreises, dessen Durchmesser sich aus der Buchstabensumme des mystischen Monogramms von Friedrich III., AEIOU, ergibt.

Diese Vokalreihe mit hohem Symbolcharakter, für sich genommen schon eines der größten Geheimnisse Österreichs, gilt als habsburgischer Wahlspruch, dessen genaue Aussage nie entschlüsselt werden konnte, auch wenn es etliche Deutungen dazu gibt. Friedrich III. ließ die fünf Buchstaben als Signatur an etlichen Gegenständen wie auf Tafelgeschirr, Münzen, an seinem Prunkwagen sowie auch auf etlichen Bauwerken im ganzen Land anbringen, so auch auf einer Sandsteintafel am Bogen der Westempore der Ruprechtskirche, der wahrscheinlich ältesten Kirche Wiens: Dort steht »1439 AEIOU« – 1439 ist das Jahr, in dem Friedrich III. als Herzog von Österreich in Wien einzog. Die Buchstabensumme von AEIOU ergibt 51, in römischen Ziffern LI, das wiederum ist ein chinesisches Längenmaß, nämlich 644,4 Meter. Addiert man nun die 51 zu 1439, der Jahreszahl auf der Sandsteintafel an der Ruprechtskirche, so erhält man 1490, das Todesjahr von Matthias Corvinus (lat. »corvus«, der Rabe). Corvinus, Eroberer weiter Teile der habsburgischen Erblande, die er 1485 bis zu seinem Tode von Wien aus beherrschte, soll – so eine Legende – während einer Jagd sein Ring von einem Raben gestohlen worden sein. Er erschoss das diebische Tier und erlangte so das Schmuckstück wieder, das von hohem ideellen Wert für ihn gewesen sein dürfte. Nimmt man nun einen Zirkel, führt ihn von der Wiener Ruprechtskirche zu einer der umliegenden Kirchen, etwa zur Karmeliterkirche, und zieht dann einen Kreis (Symbol für den Ring von Corvinus), so ist festzustellen, dass auf diesem Kreis drei weitere Kirchen zu finden sind, nämlich die Schottenkirche, die Michaelerkirche und die Franziskanerkirche – der Radius soll 644 Meter betragen. Verbindet man nun die vier Kirchen (ohne Ruprechtskirche) mit Linien, erhält man ein »Drachenviereck« – gleich dem Gebilde, das Kinder im Wind steigen lassen.

(Quelle: Gerd Schilddorfer & David Weiss, »Ewig«, München 2009)

Dass man sich in der Michaelergruft mit den Mumien ein wenig gruselt, liegt nahe – doch muss es dort zwangsläufig auch spuken?

Offensichtlich tut es das, wie die Wienerin Maria G. berichtet, die mit einem Bekannten aus dem Ausland an einer Führung teilnahm:

»Ich hatte mir die Mumien in den Katakomben der Michaelerkirche zuvor noch nie angesehen, weil es mich irgendwie nicht interessiert hat. Doch Franz, ein lieber Freund aus Deutschland, wollte unbedingt hinuntersteigen, als wir uns die Kirche anschauten und er erfuhr, dass es da nicht verweste Leichen zu sehen gibt. Ich stimmte zu und Franz organisierte unsere Teilnahme an einer Führung. Die Mumien in der nach Moder riechenden Totenwelt waren zwar kein schöner Anblick, aber besonders gruselig fand ich die Szenerie eigentlich nicht. Ich lauschte der Stimme der Führerin, die uns die Geschichte der Katakomben erzählte, und versank in der wehmütigen Stimmung, die sich breitmachte. Ich wandte mich zur Seite, um meine Blicke schweifen zu lassen, und sah mit einem Mal, total klassisch, eine »Weiße Frau« reglos in einer Nische stehen! Sie trug ein langes weißes Kleid und weiße Schuhe, hatte langes helles Haar und große dunkle Augen, die mich traurig ansahen. Das Wesen war irgendwie halb transparent und schien den Boden nicht zu berühren. Ich dachte ja zuerst, ich hätte eine Halluzination – soll vorkommen in so einem Gemäuer. Daher drehte ich mich wieder zur der Runde, die um die Führerin stand, und fing dabei den Blick einer sommersprossigen, rothaarigen Touristin auf, die wie gebannt zu der Nische starrte. Plötzlich kam Hektik auf, die Frau rief ›Oh my God!‹, schlug sich die Hand vor den Mund, würgte eigenartige Geräusche zwischen den Fingern hervor und schlug danach in Panik nach ihrem Gatten, einem hölzern wirkenden, schlaksigen, großen Mann mit grauen Schläfen. Eigentlich wäre ich in einem solchen Moment in lautes Gelächter ausgebrochen, so absurd war die Situation, doch die Frau war schneeweiß geworden und drohte jeden

Moment zusammenzuklappen. Und ich selbst fühlte mich mittlerweile auch sehr unwohl. Der Mann stammelte konfus: ›Darling … what's … Honey, please …‹, doch die Führerin behielt die Nerven, rief ›Leo!‹ in die Dunkelheit, woraufhin ein junger Typ erschien, der die Rothaarige am Arm griff und wegführte. Der Gatte folgte, gestikulierend und stammelnd. Franz grinste, doch als er meinen Blick sah, wurde er ernst. Ich flüsterte ihm zu, dass mir übel sei und ich ebenfalls nach oben gehen würde, er solle bleiben. Mit einem schmerzhaften Druck auf der Brust und heftigen Beklemmungen stolperte ich dem Ausgang zu. Vor der Michaelerkirche standen die Touristin und ihr Gatte. Die Frau hatte ein Taschentuch vor dem Mund und Tränen glitzerten auf ihren Wangen. Ich ging zu ihr hin und sprach sie mit meinem Schulenglisch an. Sandy, so hieß die Frau, erzählte mir, dass sie ein Gespenst gesehen hatte und beschrieb mir ›meine Weiße Frau‹. Wir konnten beide genau dieselbe Erscheinung wahrnehmen, haben beide diesen Druck und die Beklemmung gespürt. Sandy und ihr Mann, beide aus Schottland, zogen dann, mehr oder weniger aufgelöst, von dannen. Circa 15 Minuten später kam Franz aus der Kirche und fragte mich, was los gewesen sei. Ich erzählte ihm von dem Spuk. Mein Bekannter war sehr erstaunt, doch er glaubte mir. Meine Mutter erzählte mir einige Tage später, dass immer wieder Menschen nach einem Besuch in der Michaelergruft von einer ›Frau in der Nische‹ berichteten. Vielleicht handelte es sich bei dem Wesen um die Schwangere im Sarg? Ich weiß es nicht und ich will es auch gar nicht wissen. In die Katakomben geh ich jedenfalls nie wieder!«

Doch in Wien gibt es weit mehr Leichen als die auf den über 50 Friedhöfen und in den Katakomben des Stephansdoms und der Michaelerkirche – die Knochenhaufen und Skelette sind überall unsichtbar in der Hauptstadt verteilt, Millionen davon.

So existierte bis 1783 auch rund um den Stephansdom ein Friedhof, der sogenannte »Stephansfreithof«, der erstmals im Jahr 1255 erwähnt wird. Die Anlage konnte durch fünf Tore betreten werden und bestand aus acht hügelig angelegten Gräberfeldern, »Bühel« genannt, zwischen denen Wege hindurchführten.

Die Toten wurden, wie bereits erwähnt, bis ins 18. Jahrhundert nur rund 70 Zentimeter unter der Erde vergraben, es gehörte früher also zum Wiener Stadtbild, dass Hunde, welche die Leichen ausgebuddelt hatten, mit Knochen im Maul durch die Straßen liefen.

Am meisten fürchteten sich die Menschen früher davor, lebendig begraben zu werden. Noch 1904 gab es insgesamt 150 dokumentierte Fälle, bei denen Scheintote beerdigt wurden, die in ihren Särgen qualvoll erstickten. Es existierten jedoch einige technische Hilfsmittel wie eine Glocke auf dem Grab, zu der eine Schnur ins Innere des Sarges führte, sodass man im Notfall läuten konnte. Auch medizinische Vorkehrungen wurden getroffen. So verfügten manche Menschen, darunter auch Johann Nestroy und Arthur Schnitzler, dass ihnen nach ihrem Ableben ins Herz gestochen werden sollte, damit sie auch sicher tot waren. In derselben Absicht befahl Hans Christian Andersen, seinem Leichnam die Pulsadern zu öffnen. So lange er lebte, legte er, wenn er schlafen ging, einen Zettel neben das Bett, auf dem stand: »Ich bin nur scheintot.«

Wie viele solcher Fälle es am »Stephansfreithof« gab, ist nicht mehr feststellbar. Jedoch ist anzunehmen, dass es Hunderte Menschen gab, die derartig grausam ums Leben kamen.

Am Minoritenplatz wurden beim U-Bahn-Bau 1986 einige Skelette aus der Zeit zwischen 14. und Mitte des 16. Jahrhunderts in der Krypta der Minoritenkirche gefunden, die mit dem Rücken nach oben und Knie und Ellbogen nach unten gestemmt in ihren Särgen lagen.

Fest steht außerdem, dass seit der Römerzeit überall Tote unter der Erde Wiens liegen, unter den Straßen, auf denen wir zur U-Bahn gehen, und unter den Häusern, in denen wir wohnen.

Karin Fischer-Ausserer, eine Südtirolerin, die seit 2003 die Wiener Stadtarchäologie leitet, taucht immer wieder ein in die morbide unterirdische Geschichte und hat schon viele dieser alten Grabstellen entdeckt.

Beispielsweise gibt es im 9. Bezirk zwischen Sensen- und Spitalgasse gleich drei Bestattungsanlagen. Aus den Grabungen unter dem Sportplatz, dem Haus der Forschung und einigen Wohnparks hat man

2006 interessante und detaillierte Erkenntnisse zum sozialen Status der hier begrabenen Toten und zur Medizingeschichte Wiens gewonnen. Der heutige Alsergrund ist historisch der ehemaligen Vorstadt »Siechenals« zugeordnet, die drei Friedhöfe mit insgesamt 1.800 Leichen wurden aufgrund der bereits erwähnten Josefinischen Reform 1784 aufgelassen.

Bei dem Friedhof, der zum »Bäckenhäusel« gehörte – das ab 1656 als Armen- und Seuchenhaus für verarmte Wiener Bürger diente, 1706 vom Bürgerspital erworben und 1868 geschlossen wurde –, stellte man fest, dass Sargnägel fehlten, was auf ein Bestatten der Toten in Tüchern oder Säcken hindeutet, was wiederum erahnen lässt, dass es sich bei den Verstorbenen um arme Leute gehandelt haben muss.

Auf der Höhe der Boltzmanngasse 9–9a befand sich ab 1717 der »Spanische Friedhof«. Es wurden 61 in Reihen angelegte Gräber dokumentiert und rund 100 Skelette und Holzsärge geborgen. Diese Bestattungsstelle gehörte zum Spanischen Spital, das unter Karl VI. im Zuge der Spanischen Erbfolgekriege (1701–1714) für seine getreuen spanischen Veteranen eingerichtet wurde.

Direkt unter der heutigen Sportanlage entlang der Spitalgasse befand sich der größte der drei »Gottesacker« im 9. Bezirk. Er wurde von der Stadt Wien 1765 eingerichtet und nannte sich »Neuer Schottenfriedhof«. Hier wurden die Toten auf dem Rücken und mit dem Kopf nach Norden beerdigt, die Arme waren im Bereich des Oberkörpers angewinkelt oder überkreuzt.

Am nördlichen Ende des Fußballplatzes fanden die Archäologen ein Areal, das der Bestattung von Kindern diente.

Generell kann gesagt werden, dass insgesamt nur zehn Prozent der Toten älter als 60 Jahre alt waren und dass die Menschen an Gelenkserkrankungen, Fehlhaltungen, Infektionskrankheiten wie Syphilis und Tuberkulose sowie Rachitis gelitten haben. Auch eine fachgerecht obduzierte Leiche, deren Schädel geöffnet worden war, ist dort entdeckt worden.

In allen Gräbern fanden sich Beigaben wie Rosenkranzperlen, Medaillons, Kreuze, Teile der Bekleidung wie Schuhschnallen und Knöpfe sowie Kopfschmuck.

Im 8. Bezirk, in der Josefstadt, befand sich ein riesiger Friedhof unter dem heutigen Landesgericht, und unter dem Haus in der Blindengasse 15 hat man schon 1906 neben einem neuzeitlichen Grabstein römischen Brandgräberschutt entdeckt. Die Römer verbrannten ihre Toten mit Beigaben auf einem Scheiterhaufen und bestatteten die Überreste in Urnen oder streuten sie in Gruben.

Auch in der Josefstädter Straße 41 und 43 wurde ein Teil der Wiener Geschichte offenbar: 1889 entdeckte man beim Neubau der Kapelle des ehemaligen Zivil-Mädchenpensionats ein römisches Ziegelgrab, die Ziegel waren teilweise mit Stempeln der 14. Legion versehen. 1903 fand man Keramiküberreste und weitere Knochen.

Zurück in die City, wo man mit noch viel mehr Leichenteilen aufwarten kann als nur jene beim Steffl: Im Jahr 2000 etwa stießen Archäologen beim Bau einer Ausstellungshalle bei der Albertina in über 17 Metern Tiefe ebenfalls auf Gräber. Es stellte sich heraus, dass es sich dabei um einen Friedhof im Bereich des Legionslagers Vindobona handelte. Entdeckt wurden rund 40 Brandschüttungs- und Urnengräber, die auf Mitte des zweiten bis Anfang des dritten Jahrhunderts n. Chr. datiert werden konnten. Beim Weitergraben stieß man auf eine dichte Lage von Körpergräbern – insgesamt 97, darunter auch Gräber von Jugendlichen und Kindern. Bei den Grabbeigaben handelte es sich unter anderem um Töpfe, Krüge, Öllämpchen, Schmuck und Münzen.

Im Hof des Schottenstifts wurde 2002 dreieinhalb Meter unter der Erde ein Massengrab mit etwa 380 Skeletten freigelegt. Hier lagen die in 12 bis 13 Lagen übereinandergeschichteten Toten Kopf an Fuß, die Hände wie zum Gebet gefaltet. Wie sich nach näheren Untersuchungen herausstellte, handelte es sich bei den Verstorbenen um Opfer einer lokalen Seuche, die um 1500 in Wien gewütet haben muss.

Unter dem Haus am Schottenring 7 ist man wiederum auf Gräber gestoßen, die vermutlich zum mittelalterlichen Koloman-Friedhof gehörten. Diese Begräbnisstätte war vom 13. bis zum 16. Jahrhundert Teil des ersten Bürgerspitals der Stadt Wien.

(Quelle: Wiener Bezirksblatt 21/2011)

Niederösterreich

CARNUNTUM

Das Tor in die Vergangenheit / »Abstechen!«

Carnuntum war von 9 bis 433 n. Chr. die Hauptstadt der Provinz Pannonien im Römischen Reich, die die westliche Hälfte des heutigen Ungarns, das Burgenland, Gebiete in der Oststeiermark, Teile des Wiener Beckens, in Serbien die Landschaft Syrmien zwischen den Flüssen Donau und Save und in Slowenien und Kroatien die Zone zwischen Drau und Save umfasste. Bis Mitte des 1. Jahrhunderts wurde die Provinz »Illyricum inferius« genannt, danach in zwei, um 300 in vier Teile gespalten und 433 an den Hunnenkönig Attila abgetreten.

Die Stadt Carnuntum lag rund 40 Kilometer östlich von Wien im heutigen niederösterreichischen Gemeindegebiet von Petronell-Carnuntum und Bad Deutsch-Altenburg, am Südufer der Donau – genau dort, wo in der Antike die Bernsteinstraße über den Fluss führte. Im Burgenland erinnert der Ortsname »Bernstein« noch heute an den Verlauf ihrer Route in diesem Teil Österreichs.

Als »Bernsteinstraße« bezeichnet man voneinander unabhängige Handelswege, die im Altertum für den Transport von Waren, zumeist kostbaren Bernstein, von der Nord- und Ostsee nach Süden in den Mittelmeerraum genutzt wurden. Die wintersichere römische Bernsteinstraße zwischen Carnuntum und Aquileia in Italien, einer großen Stadt des römischen Reiches in der heutigen Provinz Udine, ist in der »Tabula Peutingeriana«, einer kartografischen Darstellung des römischen Straßennetzes, verzeichnet. Dass man auf dieser Strecke Bernstein transportierte, stellte Plinius der Ältere (23–79 n. Chr.) fest, ihm verdankt die Straße deshalb ihren Namen. In seiner »Historia naturalis« berichtete der römische Gelehrte, dass die Küste Germaniens, von wo der Bernstein gebracht wurde, etwa 600.000 Schritt (rund 900 Kilometer) von Carnuntum in Pannonien entfernt sei. Ungefähr in dieser Entfernung lag die Küste des Samlandes, einer Halbinsel in der Ostsee, woraus man schließt, dass die kostbare Ware von dort stammte. Noch heute ist die Bernsteinstraße, sofern sie nicht von neuen Straßen überbaut wurde, auf Luftbildern durch Merkmale wie unterschiedlicher Wuchs und Reifegrad von Getreide oder leichte Schotterwälle in frisch gepflügten Äckern erkennbar.

Als Schmuck war Bernstein den Römern mehr wert als ein Menschenleben, und an der Ostseeküste gab es das Gesetz, das jedem der Strick drohte, der illegal Bernstein sammelte und diesen behielt, anstatt ihn dem jeweiligen Fürsten zu übergeben.

Das Wort Bernstein bedeutet »das Duft Verbreitende«. Bei dem fossilen Produkt handelt es sich um ein 40 bis 50 Millionen Jahre altes, klares bis undurchsichtiges, meist gelbliches, versteinertes Harz, das aktuell einen Wert von 0,50 bis 2,50 Euro pro Gramm hat. Finden sich eingeschlossene Insekten oder Pflanzen aus einem längst vergangenen Zeitalter in dem Harz, steigt der Preis um ein Hundertfaches.

Im 3. bzw. 4. Jahrhundert n. Chr. verlor die Bernsteinstraße zwischen Carnuntum und Aquileia an Bedeutung.

In antiken Schriftquellen wird Carnuntum, später auch »Klein-Rom an der Donau« genannt, erstmalig im Zusammenhang mit der Errichtung des Winterlagers »im Land der Barbaren« durch ein römisches Heer unter Tiberius 6 n. Chr. während der Regierungszeit von Augustus erwähnt. Die ältesten nachweisbaren Siedlungsspuren der Römer datieren auf 40 oder 50 n. Chr.. Damals wurde die Legio XV Apollinaris an die Donau verlegt, um von dort aus gegen die Markomannen zu kämpfen. Sie errichtete in Carnuntum ihr Standlager, um das herum man eine Lagerstadt, die »canabae legionis«, gebaut hat. Neben dem Lager von Arrabona (Györ) zählte das in Carnuntum zu den ältesten bekannten Anlagen am pannonischen Limes (Grenzwall).

Die Lagerstadt war durch drei wichtige Hauptstraßenzüge erschlossen, die Limesstraße, die zur Zivilstadt führte, die Straße zum Nachbarkastell in der Slowakei und die Bernsteinstraße Richtung Italien, an der außerhalb der Siedlung Grabanlagen entstanden. Im Zentrum des Legionslagers befand sich das Forum, ein von Säulenhallen eingefasster Platz. Nördlich der Limesstraße bauten die Römer ein Amphitheater. Am Westrand wurde ein Hilfstruppenlager für eine 500 Mann starke Reitereinheit errichtet. Im Westen entstand außerdem an der Straße Richtung Vindobona (heutiges Wien) die zivile Siedlung Carnuntum. Auch hier gab es ein Amphitheater, in dem nach römischem Vorbild Gladiatorenkämpfe auf Leben und Tod ausgefochten wurden. Nördlich des mittig gelegenen Forums erstreckte sich eine große Thermenanlage.

Nach der Teilung Pannoniens unter Kaiser Trajan in zwei eigenständige Gebiete befand sich in Carnuntum ab 106 n. Chr. auch der Sitz des Stadthalters von Oberpannonien.

Im Osten der Stadt stand auf dem Pfaffenberg ein Tempel für Jupiter, die oberste Gottheit der Römer, außerdem lagerten an diesem Ort Heiligtümer in Verbindung mit dem Kaiserkult. Unter Kaiser Hadrian erhielt Carnuntum um 124 n. Chr. das offizielle Stadtrecht.

Carnuntum war zu dieser Zeit von großer strategischer Bedeutung. Kaiser Mark Aurel ließ sich hier während seines Feldzuges gegen die Markomannen nieder und verfasste im Laufe seines dreijährigen Aufenthalts (171–173 n. Chr.) Teile seiner »Selbstbetrachtungen«.

193 n. Chr. wurde der oberpannonische Stadthalter Septimus Severus in Carnuntum zum Kaiser ausgerufen, woraufhin die Stadt eine wirtschaftliche Blütezeit erlebte. Zu dieser Zeit dürfte Carnuntum mit rund 50.000 Einwohnern auch seine endgültige Ausdehnung erreicht haben. Die Menschen – reiche Römer, Handwerker und Händler – lebten in schönen Wohnhäusern oder luxuriösen Villen, erholten sich in prunkvollen Badeanlangen vom Alltagsstress und besuchten gerne kulturelle Veranstaltungen. Bekleidet waren die als eitel bezeichneten römischen Frauen größtenteils mit Tuniken, die Männer mit Togen. Zum Baden und beim Sport trugen die Damen »Bikinis« – die Zweiteiler wurde also von den Römern erfunden, was antike Wandmalereien beweisen.

Gespeist wurde in der Armee sehr einfach, es gab vorzugsweise »puls« (Eintopf). Die Oberschicht in der zivilen Stadt jedoch tafelte nobel und lebte kulinarisch in Saus und Braus. So standen neben vielen Sorten Fleisch (Rind, Schwein, Kalb, Geflügel, Auerochse, Wisent) und Fisch (etwa Hausen, eine Störart, die damals in der Donau schwamm und oft mehrere Meter lang wurde) öfter auch frische Austern auf dem Speiseplan, die in salzwassergefüllten Fässern von der Adria nach Carnuntum transportiert wurden. Dazu trank man Wasser mit Apfelessig, warm oder schneegekühlt, »mulsum«, eine Mischung aus Wein und Honig, oder mit Wasser verdünnten Wein. Seltener gab es einen Vorläufer des Glühweins – eine Mischung aus Wein, Honig, Pfeffer, Lorbeer, Datteln, Mastix (Harz der Mastix-Pistazienbäume) und Safran – zu trinken. Man aß mit zuvor gründlich gewaschenen Fingern und zwei Löffeln, einem großen und einem kleinen mit Spitze, der zum Aufspießen von Schnecken oder Muscheln diente. Die Römer liebten Schnecken und so gelangten durch die Ausbreitung des römischen Imperiums viele ihrer Schneckenrezepte wie Schneckenknödel oder Schneckenwürstel nach ganz Europa. Auch Hülsenfrüchte waren sehr begehrt und wurden meistens als Vorspeise genossen.

Kochanleitung für »*Lenticulam de castaneis*« (Linsen mit Kastanien), original nach römischen Aufzeichnungen:

> *Koche die Linsen. Nimm einen neuen Topf und gib die sorgfältig gesäuberten Kastanien hinein. Gib Wasser und ein wenig Natron dazu und lass es kochen. Während die Kastanien kochen, stampfe im Mörser Pfeffer, Kümmel, Koriandersamen, Minze, Raute, Laserwurzel und Flohkraut. Gieße Essig, Honig und liquamen* (Fischlake, Salz der Römer, stattdessen verwendet man heute thailändische Fischsauce, Anm. GH) dazu, *schmecke mit Essig ab und gieße die Mischung über die Kastanien zu den Linsen. Probiere: Wenn noch etwas fehlt, gib es dazu. Nachdem du es in eine Servierschüssel getan hast, gib noch bestes (grünes) Olivenöl dazu.*
>
> (Quelle: Marcus Gavius Apicius, De re coquinaria (Über die Kochkunst), Buch 5,2,2, Ausgabe Reclam, hg. von Robert Maier, Stuttgart 1991)

Aufgrund der Anbindung an die großen internationalen Handelsrouten gelangte auch so manch ungebetener Gast nach Carnuntum, etwa die Schwarze Hausratte, die vor dieser Zeit in Österreich nicht beheimatet war. Die Tiere, die als Überträger der Pest galten, wurden über Indien in den mediterranen Raum und schließlich bis Carnuntum eingeschleppt.

Im Jahre 308 n. Chr. fand in Carnuntum die große Kaiserkonferenz statt, ein weltpolitisches Ereignis, das mitverantwortlich für den Siegeszug des Christentums und somit unserer abendländischen Kultur war.

Mitte des 4. Jahrhunderts hat Carnuntum offensichtlich ein großes Erdbeben erschüttert, der römische Historiker und Schriftsteller Ammianus Marcellinus beschrieb die Stadt als »verfallenes und schmutziges Nest«. Obwohl die Siedlung gegen Ende des 4. Jahrhunderts bereits fast zur Gänze unbewohnt war und als Friedhof genutzt wurde, hat man noch gebaut. Ungefähr zu jener Zeit wurde das Heidentor errichtet, ein im Südwesten gelegenes Bogenmonument. Zivile Siedlungsspuren lassen sich bis in die erste Hälfte des 5. Jahrhunderts nachweisen, und zwar vor allem im Inneren des einstigen Legionslagers. Danach verließen auch die Soldaten nach und nach die Stadt und Carnuntum verödete. Das Gebiet etwas außerhalb blieb jedoch bis in die Zeit der Völkerwanderung bewohnt. Im 9. und 10. Jahrhundert hielten sich im ehemaligen Legionslager noch einmal kurz Menschen auf, bevor sich der Siedlungsschwerpunkt ostwärts nach Hainburg an der Donau verlagerte.

Noch bis ins späte 18. Jahrhundert wurden die alten Ruinen von Carnuntum abgetragen, da sie bei der landwirtschaftlichen Nutzung des Gebietes hinderlich waren. Mitte des 19. Jahrhunderts hat man damit begonnen, die Funde einzusammeln und die Mauern der alten Siedlung wieder zuzuschütten.

Ab 1877 bis zum Ausbruch des Ersten Weltkrieges wurden erstmalig archäologische Untersuchungen durchgeführt, zuerst nur in der Lagerstadt, ab 1950 auch in der Zivilstadt. Die letzten Ausgrabungen fanden von 1968 bis 1977 statt.

Das Heidentor im Südwesten der ehemaligen römischen Zivilstadt Carnuntum, Niederösterreich

Heute befindet sich auf dem Areal der ehemals römischen Anlage das Freilichtmuseum Carnuntum, das ganzjährig geöffnet ist. Den Besucher erwarten dort Rekonstruktionen von Gebäuden (Stil des 4. Jahrhunderts n. Chr.) und der Therme, spektakuläre Kampfspiele und kulinarische antike Genüsse. Auch die römertypische Fußbodenheizung ist nachgebaut worden – sie wird zur Beheizung der Therme genutzt.

Das Museum mit den Funden aus Carnuntum, unter anderen Münzen des Kaisers Regalianus und seiner Frau Sulpicia aus dem 3. Jahrhundert n. Chr., befindet sich in Bad Deutsch-Altenburg.

Etwa 900 Meter südwestlich der Zivilstadt Carnuntum sind die Überreste des vierbogigen Heidentors zu sehen, des heutigen Wahrzeichens der Region. Es liegt zwischen der Limesstraße und der Bernsteinstraße, wo sich früher eine Kreuzung befand, und wurde unter Kaiser Constantinus II. Mitte des 4. Jahrhunderts n. Chr. über einer Statue des Monarchen erbaut – es war also nicht zur Durchfahrt gedacht. Der noch erhaltene Figurensockel hat eine Höhe von über vier Metern. Das Heidentor selbst war etwa 15 Meter hoch und zweigeschossig, hatte ein Kreuztonnengewölbe und bestand aus vier Pfeilern mit einem Kern aus Gussmörtel und Bruchsteinen, von denen heute nur noch zwei erhalten sind. Es besaß somit vier Durchgänge. Oberhalb des Gewölbes befand sich ein geschlossener Raum, der vermutlich von einer hölzernen Dachkonstruktion abgedeckt war. Fragmente weisen darauf hin, dass das Obergeschoss des Baus dekoriert war, einerseits mit Relieffiguren, andererseits mit beschrifteten Marmortafeln. Vermutlich hat man auf ihnen die heldenhaften Taten von Constantinus eingemeißelt. Putzfragmente belegen außerdem, dass Teile des Baus purpurrot bemalt waren.

Der Name des Monuments ist möglicherweise auf den Irrtum, dass man das Tor im Mittelalter für das Grabmal eines heidnischen Riesen hielt, zurückzuführen. Ebenso schlüssig ist allerdings auch die Erklärung, dass man den Prachtbau »heydnisches Tor« nannte, weil man dachte, es sei von Nicht-Christen errichtet worden – eine Fehleinschätzung, da Mitte des 4. Jahrhunderts das Christentum anerkannt war und auch in Carnuntum als Religion vorherrschte. Andere Spekulationen gehen dahin, dass die Bezeichnung von dem Wiener Arzt und Historiker Dr. Wolfgang Lazius (1514–1565) stammt, der den Bau als »altes heidnisches Stadt-Tor« beschrieb.

Anders als in früheren Zeiten nimmt man laut neuerer Forschung an, dass das Heidentor ursprünglich ein monumentaler Grabbau gewesen sein muss, obwohl es keine Hinweise auf Bestattungen oder einen Friedhof gibt. Interessant ist auch die Annahme, dass die östliche Hälfte des Monuments im 15. Jahrhundert durch Sprengung zerstört worden sein dürfte. Andere Erkenntnisse gehen davon aus, dass die Substanz der Pfeiler im Laufe der Jahrhunderte durch Steinraub in dem Maße reduziert wurde, dass sie letztendlich einstürzten. Bei den jüngsten Grabungen sind unter dem Tor neben verwitterten Bauteilen Ziegelstempel, die auf die in Carnuntum stationierten Truppen (X., XIV. und XV. Legion) verweisen, Gefäßkeramik, Glas, Waffenbestandteile, Schmuckstücke und über 300 Münzen gefunden worden.

Eine Mini-Ausgabe des Heidentors steht im Maßstab 1:25 im Minimundus in Klagenfurt.

Doch was haben nun Geister an einem solch historisch bedeutsamen Ort verloren, wo die Antike zum Greifen nahe ist?

Offensichtlich wandelt nur ein einziger römischer Geist beim Heidentor herum, der bereits mehrmals zu verschiedenen Tages- und Nachtzeiten gesehen worden ist. Er zeigt sich angeblich immer dann, wenn Menschen sich allein in der Nähe des Monuments aufhalten, die sich in Konfliktsituationen oder in schlechter Gemütsverfassung befinden – dies haben alle Augenzeugen übereinstimmend ausgesagt. Auch die Beschreibung des »römischen Gespenstes« lautet im Wesentlichen immer gleich: mittelgroß, sehr dünn und sehnig, zerzaustes aschblondes Haar, markante Gesichtszüge, bekleidet mit einem weißen oder beigefarbenen Umhang mit goldener Borte und Schuhen aus braunen Lederstreifen, geschmückt mit einer goldenen Schnalle. In aufrechtem Gang schreitet es angeblich langsam auf und ab, wobei es der Person, die ihn sieht, nachdenkliche, aber auch aufheiternde Blicke zuwirft und ihr zeitweise zulächelt. Es erscheint den Beobachtern auch nicht nur schemenhaft, sondern wie ein Mensch aus Fleisch und Blut.

Seltsamerweise hatte keiner der uns bekannten Augenzeugen das Bedürfnis wegzulaufen. Niemand hat beim Anblick der stolzen Erscheinung Angst gehabt und sie als »Spuk« oder »Geist« bezeichnet – alle nannten das Wesen ausschließlich »den Römer«.

Georg Friedrich, ein 44-jähriger Architekt aus Niederösterreich, erinnert sich:

»An jenem Abend, als ich ›den Römer‹ sah, war ich nach Carnuntum gefahren, um mich zu sammeln, um nachzudenken, um Energie zu tanken. Ich bin gerne dort, vor allem beim Heidentor, dieser Ort strahlt Ruhe und Kraft aus. Meine Scheidung war zu diesem Zeitpunkt zwei Tage vorher über die Bühne gegangen und ich fühlte mich mutlos und allein gelassen. Also habe ich mich auf ›meine‹ Bank beim Heidentor gesetzt und mehr oder weniger ›ins Narrenkastl‹ geschaut, als ich im Augenwinkel eine Gestalt bemerkte, die auf und ab ging, etwa 20 Meter von mir entfernt. Ich habe dann genauer hingesehen: Es war ›der Römer‹, der da vor meiner Nase herummarschierte. Und ich schwöre, ich bin keiner Anstalt entflohen, hatte keinen Alkohol getrunken oder andere Drogen konsumiert und hab mir das auch nicht eingebildet – er war da! Natürlich hat es mich geflasht, aber Angst war keine im Spiel. Und plötzlich ist er weg gewesen, als hätte er sich in Luft aufgelöst, nicht langsam, sondern innerhalb einer Zehntelsekunde. Ich bin dann zu meinem Auto zurückgegangen, weil ich mich verständlicherweise nicht mehr auf mein Problem konzentrieren konnte. Zu Hause habe ich dann allerdings festgestellt, dass mein Kummer verflogen war, und so ging es mir auch am nächsten Tag und ebenso am übernächsten – ich hatte die Krise überstanden. Ob ›der Römer‹ direkt dafür verantwortlich gewesen ist, weiß ich nicht, aber fest steht, dass es mir wieder gut ging. Bis heute habe ich nur meiner Mutter davon erzählt … und jetzt euch!«

Es gibt noch ein weiteres Phänomen, das beim Heidentor bereits von einigen Menschen wahrgenommen wurde: Schaut man, egal von welcher Seite, durch den Bogen, sieht man angeblich in eine andere Zeit. Hier unterscheiden sich die Schilderungen allerdings voneinander, auch wenn die Kernaussage, dass es sich bei dem Steinbau um ein »Tor in die Vergangenheit« handelt, immer dieselbe ist. Die einen sehen jedoch die alten Römer durch ihr Carnuntum spazieren, die anderen beobachten unterschiedlichste mittelalterliche Szenen. Ein junger Mann will sogar eine Hinrichtung am Galgen verfolgt haben.

Wesentlich spektakulärer und vor allem lauter soll es in manchen Nächten im Amphitheater der ursprünglichen Zivilstadt zugehen.

Während sich das kleinere Amphitheater in rund 110 Meter Entfernung gegenüber der Nordostseite des Legionslagers befand, lag das zweite mit einer Größe von 127,5 mal 111 Metern etwas mehr als einen halben Kilometer von der zivilen Siedlung Carnuntum entfernt. Dieses »Amphitheater II« wurde in der ersten Hälfte des 2. Jahrhundert n. Chr. errichtet und fasste bis zu 13.000 Menschen, die die Zuschauerränge durch einen Eingang im Norden und einen im Süden betraten, die von massiven Holztoren verschlossen werden konnten. In der Anlage wurden zu Römerzeiten blutige Gladiatorenkämpfe ausgetragen, Gladiaturen genannt.

Bei Gladiatoren handelte es sich um Berufskämpfer, die öffentlich gegeneinander antraten. Veranstaltet wurden diese Events, die der Unterhaltung der Bürger dienten, von 264 v. Chr. bis Anfang des 5. Jahrhunderts n. Chr. Ursprünglich wurden mit den Gladiaturen Verstorbene geehrt, doch als die Veranstalter, wohlhabende Privatpersonen, bemerkten, dass die Beliebtheit dieser Kämpfe beim römischen Volk stieg, wurden die Spiele immer prächtiger inszeniert. Man hat Tribünen errichtet und Tierhetzen in die Vorstellung aufgenommen. Je eindrucksvoller die Location und je spektakulärer die Show wurde, desto mehr stieg der Veranstalter in der Achtung der Bürger.

Sueton, eigentlich Gaius Suetonius Tranquillus (um 70 bis 122 n. Chr.), ein römischer Beamter und Schriftsteller, schrieb in einer Biografie über Gaius Iulius Caesar:

Caesar veranstaltete Schauspiele unterschiedlichster Art: Ein Gladiatorenspiel, Theateraufführungen in jedem Stadtviertel, und zwar durch Schauspieler aller Sprachen, desgleichen Zirkusvorstellungen, Athletenkämpfe und ein Seegefecht. In dem Gladiatorenspiel auf dem Forum kämpften Furius Leptinus, der aus einer Familie prätorischen Ranges stammte, und der ehemalige Senator und Rechtsgelehrte Quintus Calpenus … Die Tierhetzen dauerten fünf Tage; den Schluss bildete ein Gefecht, in dem sich zwei Abteilungen von je 500 Mann zu Fuß, 20 Elefanten und 300 Reitern gegenüberstanden …

Zuerst kämpften Sklaven und Kriegsgefangene, später wurden verurteilte Gefangene als Gladiatoren eingesetzt. Doch ab dem 1. Jahrhundert n. Chr. verpflichteten sich auch freie Bürger für diese »ehrenhafte Aufgabe«, da sie es damit zu Ruhm und Reichtum bringen konnten. Bis Kaiser Septimus Severus es im Jahre 200 n. Chr. verbieten ließ, betätigten sich auch Frauen als Schwertkämpfer. Gladiatoren wurden selten viel älter als 30 Jahre, viele von ihnen verloren bereits bei ihrem ersten Einsatz in der Arena ihr Leben. Angenommen wird, dass einer von acht Kämpfern in seiner Rolle als Gladiator starb.

Stand ein Gladiatorenkampf auf dem Programm, wurden bereits früh am Morgen erste Tierkämpfe veranstaltet – Stier gegen Bär, Elefant, Löwe oder Leopard, beziehungsweise Nashorn gegen Büffel. Danach traten, im krassen Gegensatz dazu, dressierte Tiere auf und vollführten ihre possierlichen Nummern. Als nächstes folgten Hetzen zwischen Kämpfern mit Jagdspeeren und Antilopen und Hirschen, danach Raubkatzen, Elefanten und Bären. In der Mittagspause wurden Verbrecher in der Arena hingerichtet – entweder den Tieren zum Fraß vorgeworfen oder zu einem aussichtlosen Kampf mit einem Gladiator gezwungen, der den sicheren Tod bedeutete. Am Nachmittag marschierten die Gladiatoren ein und zeigten sich dem Publikum. Nach einigen weiteren Vorführungen, beispielsweise Schauduelle von Adeligen mit Holzschwertern, fingen die eigentlichen Spiele an: Die Zweikämpfe der Gladiatoren. Diese wurden von einem Schiedsrichter beobachtet, der die Rüstungen kontrollierte, Regelverstöße ahndete, Pausen einleitete und zu verhindern hatte, dass ein sich ergebender

Gladiator getötet wurde. Der Kampf konnte auf drei Arten zu Ende gehen: durch den Tod eines Gladiators während des Gefechts, durch die Aufgabe eines Gladiators, den das Publikum dann entweder leben oder töten ließ und durch die Entscheidung, dass der Kampf unentschieden ausging – die seltenste, aber sehr ruhmvolle Variante. Um Gnade bat ein unterlegener Gladiator, der aufgegeben hatte, indem er einen Zeigefinger ausstreckte oder seine Waffen, meist das Schwert, niederlegte. Der Schiedsrichter blickte dann zum Veranstalter, oder, wie im Kolosseum in Rom, zum Kaiser, der das Urteil fällen sollte. Meist wurde die Entscheidung allerdings an das Publikum übertragen, das ihr Urteil mit dem Daumen fällte – vermutlich zeigte der Finger nach oben, wider der allgemeinen Vorstellung, die Entfernung von der Erde, also das Todesurteil an. Meistens schrien die Leute auch zusätzlich, nämlich »mitte«, also »lasst ihn gehen«, oder »iugula«, was »abstechen« bedeutet – der unterlegene Gladiator hatte dann am Boden kniend demütig den Todesstoß des Gegners mit dem Schwert zwischen die Schulterblätter oder in den Hals hinzunehmen. Waren vorher bereits einige Kämpfe unblutig verlaufen, riefen die Zuschauer irgendwann immer »iugula«, da sie jemanden sterben sehen wollten.

Vom Amphitheater II nun also erzählt man sich, dass in manchen Nächten laute Stimmen in der ehemaligen Arena zu hören sind. Man habe den Eindruck, als tobten und grölten Tausende Zuschauer zu den Vorführungen in der Mitte der Mauerreste. Außerdem wurde beobachtet, dass zeitweise dichter Nebel über dem Areal hängt, auch wenn es rundherum sternenklar ist.

Uschi begab sich eines Nachts nach Carnuntum, um diesem Phänomen nachzugehen. Ausgerüstet mit einer Kamera und einem Diktafon durchwanderte sie das Theater. Nebel zog zwar keiner auf, doch die Atmosphäre war trotzdem sehr unheimlich. Uschi befragte die Geisterwelt, während sie sich in der Mitte des Bauwerkes befand, und schoss Fotos von den alten Steinen.

»Plötzlich war mir, als würden Tausende Menschen um mich herum schreien, wild durcheinander, Männer und Frauen, wie in einem

Fußballstadion, wo Fans die Spieler anfeuern. Ich hab auch Kampfgeräusche gehört, Metall klirrte und eine Kette rasselte. Zuerst dachte ich, das sei Einbildung, aber die Geräusche waren definitiv da!«

Wieder zu Hause, prüfte Uschi ihre Aufnahmen: Die Fotos zeigten nichts anderes als das, was fotografiert wurde, doch das Tonband war voll mit Stimmen und Geräuschen. An einer Stelle hörte man ein lautes Fauchen und an einer anderen ganz deutlich eine sehr hohe Mädchenstimme »iugula, iugula« kreischen. Außerdem klang aus dem Diktafon »Hallo«, »Ich bete zu Gott«, »Ich hungere«, »Ich kann ihre Nähe spüren«, »Halt sie auf«, außerdem auf Englisch »Thank you« und »Go to the light«.

»Ich war dort tatsächlich nicht allein, auch wenn ich niemanden gesehen habe«, so Uschi.

PESTFRIEDHOF BEIM BADENER PFARRPLATZ

Der spukende Türke auf der Suche nach seinem Schmuck

Die Besiedlung der kaiserlichen Biedermeierstadt Baden, die etwa 25 Kilometer südlich von Wien liegt, lässt sich bis in die ältere Steinzeit zurückverfolgen. Die Bewohner lebten damals auf den Hängen der Thermenalpen und den Aufschotterungen der Schwechat im heutigen Süden der Stadt.

In der Römerzeit legten die Soldaten der X. und XIV. Legion in »Aqua« – dieser Name ist verzeichnet auf einer Straßenkarte, die um 300 n. Chr. entstand – für ihre großen Garnisonen Carnuntum und Vindobona hier Bäder, Weingärten und eine Zivilstadt an. Im Jahr 869 tauchte der deutsche Name »Padun« in einer Urkunde auf. Mitte des 12. Jahrhunderts siedelten sich die »Herren von Baden« an, die in einer Burg in der Stadtmitte lebten – auf dem Platz, wo heute die Pfarrschule steht. Die Babenberger besaßen den Herzoghof in Baden, der bis heute im Hotel Herzoghof fortlebt. 1285 wurde das Augustinerkloster gegründet. Im 15. Jahrhundert erlangte Baden aufgrund der Nähe zu Ungarn große Bedeutung und so wurde der Stadt 1480 von Kaiser Friedrich III. das Stadtrecht und

> *... ain Wappen unndt Clainoth, mit Namen Unnsern Schild New-Österreich, unnd darin ain Figur aines Wildt-Path mit Figuren zweyer Nackheten Menschen, Mann: unndt Frawen Pildt*

verliehen. Doch auch etliche andere gekrönte Häupter besuchten Baden gerne und oft, so Albrecht IV., Leopold IV., Albrecht V., Friedrich IV., Kaiser Friedrich III., Maximilian I., Ladislaus IV. von Polen, Peter der Große, Leopold I., Kara Mustapha, Joseph I., Joseph II. und Kaiserin Maria Theresia. August der Starke konvertierte 1697 in Baden zum katholischen Glauben, damit er König von Polen werden konnte.

1529 und 1683 fielen die Türken in Baden ein und zerstörten die Stadt beide Male beinahe zur Gänze, ebenso wie die beiden großen Brände 1714 und 1812.

Seine Glanzzeit erlebte Baden in der ersten Hälfte des 19. Jahrhunderts. Von 1803 bis 1835 hielt sich Kaiser Franz I. jeden Sommer hier auf, ab 1813 in seinem eigenen Haus am Hauptplatz, dem jetzigen Kaiserhaus. Mit dem Herrscher kamen der gesamte Hof, die feine Gesellschaft und die Geldaristokratie und mit ihnen die Kunstwelt nach Baden, sodass die Stadt durch eine Reihe von Mäzenen mit herrlichen Parkanlagen und prächtigen Villen ausgestattet werden konnte, die bis ins Helenental reichten. Der Kurpark, in dem man damals alle bedeutenden Gestalten dieser Zeit, Adelige wie auch Künstler, treffen konnte, wurde vor allem am Sonntag nach der »galanten Messe« um elf Uhr zum wichtigsten Platz Mitteleuropas. Baden war damals, wie es später der österreichische Schriftsteller Moritz Gottlieb Saphir ausdrückte, »ein kleines Wien in Aquarell«. Ludwig van Beethoven schuf in Baden unter anderem die IX. Symphonie und die »Missa solemnis«, Wolfgang Amadeus Mozart komponierte im Zuge eines Besuchs seiner in der Stadt kurenden Frau Konstanze das »Ave verum corpus«, Joseph Lanner und Johann Strauß gaben Konzerte vor der noblen Gesellschaft Badens und Franz Grillparzer ersann auf seiner Lieblingsbank im Kurpark die ersten Ideen für seine Trilogie »Das Goldene Vlies«. Es gibt fast keinen Namen der Kunst-, Musik- und Literaturgeschichte, dessen Träger nicht in irgendeiner Verbindung mit Baden gestanden hätte. Doch mit dem Tod von Kaiser Franz I. endete diese pompöse, glanzvolle Zeit der Stadt.

Die »Gründerzeit« des 20. Jahrhunderts brachte allerdings wieder einen großen Aufschwung, verbunden mit einem gewaltigen Bauschub. Zu dieser Zeit wurde die Grundlage für die Stadt geschaffen, die bis heute als beliebter und mittlerweile hochmoderner Kurort weit über die Grenzen Österreichs hinaus für seine heilsamen Schwefelthermalquellen bekannt ist – ebenso wie für das Baden, das seit dem 19. Jahrhundert einen beliebten Zweitwohnsitz für wohlhabende Wiener oder eine exklusive Sommerfrische für Menschen aus aller Herren Länder bietet.

Der erste Friedhof der Kurstadt befand sich rund um die Pfarrkirche St. Stephan. Die Kirche soll bereits vor 1220 bestanden und im Jahr 1477 von Matthias Corvinus zerstört worden sein. Auf den alten Mauern entstand noch im selben Jahr das heutige Gotteshaus im gotischen Stil.

Der ursprüngliche Friedhof bestand aus einem inneren und einem äußeren Leichenhof. Als in der Stadt im 17. Jahrhundert jedoch erneut die Pest ausbrach – sie wütete in Baden in den Jahren 1349, 1562, 1613, 1644, 1679, 1691 und 1713 –, suchte man händeringend nach einem eigenen Grundstück, das sich möglichst nahe der Kirche befinden und ausschließlich für die Opfer dieser Krankheit als letzte Ruhestätte dienen sollte.

Ein wohlhabender Weinhändler, der zu dieser Zeit etliche Weingärten hinter der Kirche besaß, erkannte die Not der Pfarre St. Stephan, die sich aufgrund der herrschenden Geldknappheit kein geeignetes Grundstück für die Pesttoten leisten konnte, und verschenkte einen Teil seines Besitzes. So entstand um 1654 ein Pestfriedhof in dem Bereich, wo heute die Welzergasse (früher »Auf der Anhöhe« bzw. »Judengraben«) in den Kaiser-Franz-Ring mündet.

1785 hat man den Friedhof direkt bei der Kirche aufgrund des Wachstums der Stadt aufgelöst und so wurde der ehemalige Pestfriedhof zur einzigen Begräbnisstätte der Badener. Aufgrund »sanitärer Probleme« ersuchten die Anrainer ab 1806 die Behörden um Verlegung des Friedhofs, die nach langen Verhandlungen 1812 endlich erfolgte, und zwar in den Süden der Stadt, wo sich der Badener »Gottesacker« bis heute befindet.

Auf dem damaligen »äußeren Friedhof«, dort, wo sich die Pestgräber befunden hatten, durften, wie zu jener Zeit üblich, nur Katholiken und Lutheraner beerdigt werden, keinesfalls jedoch Selbstmörder oder »Ungläubige«. Doch trug es sich zu, dass um 1800 ein reicher türkischer Pascha mit seinem Gefolge in Baden kurte. Nachdem er mehrere Tage lang in den warmen Schwefelquellen gebadet hatte, begab er sich eines Nachmittags auf einen Ausflug in den Doblhoffpark, um dort im erholsamen Grün zu lustwandeln. Aber schon nach wenigen Schritten brach der von einer früheren Herzattacke geschwächte Mann zusammen und verstarb nur wenige Minuten später in den Armen seiner geliebten Frau. Man beschloss, den Pascha in Baden zu beerdigen, doch da der Türke als »Ungläubiger« galt, konnte er nicht am Friedhof, sondern nur vor dessen Mauern begraben werden. Rasch sprach sich in Baden herum, dass ein reicher Ausländer mitsamt seinem prunkvollen Schmuck in der Stadt das Zeitliche gesegnet hatte und hier bestattet worden war, und das noch dazu auf einem Fleckchen, das sich für jedermann zugänglich außerhalb der schützenden Mauern des Friedhofs befand. So kam es, wie es kommen musste: Einige Tage später schlich sich eines Nachts ein Mann, der sich zuvor im Gasthaus seines Vertrauens ordentlich Mut angetrunken hatte, zu dem Grab des Paschas, buddelte die Leiche aus, zog ihm die juwelenbesetzten Ringe von den steifen Fingern und riss ihm die goldenen Ketten vom Hals. Dann wankte er mit dem Schmuck in der Tasche nach Hause, ohne sich noch weiter um den toten Körper zu kümmern. Natürlich wurde der Diebstahl bereits am nächsten Tag entdeckt und die Leiche sofort wieder eingegraben. Da der freche Dieb in der Stadt mit seiner Tat prahlte, wurde er rasch gefunden. Doch noch bevor die Polizei den Mann schnappen konnte, hatte der sich mitsamt seiner Beute aus dem Staub gemacht und ward nie wieder gesehen.

Einige Zeit nach dieser Tat jedoch mehrten sich plötzlich die Gerüchte, der Geist des Paschas könne keine Ruhe mehr finden, da man ihm seinen Schmuck – Familienerbstücke, wie es hieß – vom kalten Körper gerissen und nicht mehr zurückgebracht habe, und man sagte, er spuke in der Nähe seines Grabes. Allerdings stand nach der Auflassung des Friedhofs auf dessen Areal das »Gasthaus zur Goldenen Birne«, und die Skeptiker spöttelten, dass wohl vor allem die Gäste des Wirten, die zu tief ins Glas geschaut hatten, dem Geist begegnet seien.

Doch im Laufe der folgenden Jahrzehnte tauchte die Gestalt, die als dickliche Person mit purpur- und goldfarbenen Gewändern bekleidet beschrieben wurde, angeblich immer wieder auf. Sie soll in so mancher Nacht, meist in den Sommermonaten, stundenlang ziellos in der Nähe des Badener Pfarrplatzes bei der Kirche herumgeirrt und erst im Morgengrauen dort, wo sich früher der Friedhof befunden hatte, geräuschlos in der Erde versunken sein.

Heute stehen auf dem Grundstück, auf dem sich ehemals der Friedhof befand, einige Wohnhäuser. Bei den Bauarbeiten wurden viele Dutzende Skelette aus dem Boden geholt. Die Buben und Mädchen sind damals nach der Schule auf direktem Weg zur Baustelle gelaufen und haben in den Erdhaufen nach Totenköpfen gesucht, um damit im Freundeskreis anzugeben oder Leute zu erschrecken. Oft genug, so wurde uns erzählt, haben die wütenden Arbeiter Skelettteile nach den Kindern geworfen, um sie zu vertreiben. Es ist zu vermuten, dass damals auch die bestohlene Leiche des türkischen Paschas ausgegraben wurde – doch der Spuk sollte deshalb noch lange kein Ende haben.

Wir haben zwei Ehepaare getroffen, beide mittleren Alters, die heute in den Wohnhäusern Ecke Welzergasse und Kaiser-Franz-Ring wohnen. Alle vier – Silvia, Gerhard, Karin und Christian – haben den Geist bereits gesehen. Die Schilderungen der Paare decken sich zu fast 100 Prozent und sie gleichen auch den Erzählungen aus früheren Zeiten:

In hellen Sommernächten, also immer zur Zeit des Vollmonds, sieht man hin und wieder einen Mann mit großem Bauch, der lange, glitzernde Gewänder in den Farben Dunkelrot und Gold trägt, am Ring zwischen der Ecke Welzergasse und der Stadtpfarrkirche herumwandern. Die Gestalt bewegt sich, so erzählt man uns, langsam und ein wenig torkelnd, wirkt hilflos und unsicher und sieht sich immer wieder suchend um. Silvia hat angeblich auch einmal beobachtet – sie meint, es müsse im August 2010 gewesen sein –, wie sich der Geist direkt unter ihrem Balkon im Morgengrauen in Luft aufgelöst hat.

»Es sah so aus, als würde er immer kleiner werden. Ich hab meinen Mann gerufen, der noch schlief, und als ich wieder hinunterblickte, sah ich gerade noch seinen Kopf im Gras verschwinden. Gott sei Dank hat mir Gerhard geglaubt, weil er der Gestalt schon zwei Mal draußen begegnet ist. Die Knochen dieses armen Türken mögen nicht mehr da sein, aber sein Geist ist definitiv immer noch hier. Und hin und wieder kommt er nach oben und sucht den Dieb, der ihm damals den Schmuck gestohlen hat, um ihn zurückzubekommen.«

SEEGROTTE HINTERBRÜHL

Zwangsarbeiter, blinde Pferde und fünf Wasserleichen

Die Seegrotte in der Hinterbrühl nahe Mödling, etwa 15 Kilometer von Wien entfernt, war früher einmal ein Gipsbergwerk.

Im Jahre 1848 stieß ein Müller bei einem Brunnenschlag in etwa fünf Metern Tiefe auf Grau- und Rotgips, und so hat man noch im selben Jahr mit dem Abbau des Minerals begonnen, das 80 Bergleute täglich durch den 400 Meter langen Hauptstollen zutage gefördert haben. Der Gips wurde in einer Mödlinger Mühle gemahlen und in der Landwirtschaft als Düngemittel verwendet.

1912 sollte das oberflächlich bereits »ausgeschlachtete« und somit vorerst nutzlos gewordene Bergwerk erweitert werden, weshalb man eine Sprengung veranlasste. Die Druckwelle hob jedoch einen unter der Höhle gelegenen Wassersack aus, und innerhalb kürzester Zeit strömten rund 20 Millionen Liter Wasser in die Stollen, wodurch sich der größte unterirdische See Europas bildete. Das Bergwerk wurde daraufhin sofort geschlossen. Erst in den 1930er-Jahren hat ein Team internationaler Höhlenforscher die Grotte unter der Erde entdeckt, woraufhin der Wiener Unternehmer Friedrich Fischer das ehemalige Bergwerk kaufte und es als »Schaubergwerk« der Öffentlichkeit zugänglich machte. Eine Gedenktafel im »Barbara-Stollen« erinnert noch heute an den Geschäftsmann, dessen Nachfolger die Grotte als Privatunternehmen weiterführten.

Im Frühjahr 1944 wurde die Hinterbrühl von Flugzeugen der Alliierten bombardiert. Bei dem Angriff kamen 36 Zivilpersonen ums Leben. Im September 1944 beschlagnahmten die Nazis das Schaubergwerk »Seegrotte«, um darin eine Flugzeugfabrik der Ernst Heinkel AG einzurichten, da die Stollen vor Bombenangriffen relativ sicher waren.

Das Unternehmen lief unter dem Decknamen »Languste«. Das Werk unter der Erde war eine sogenannte »Alpenfestung« der NSDAP, Teil eines Planes der militärischen Kräfte, diese in der schwer zugänglichen Region der Alpen zu konzentrieren. Die Anlagen der »Alpenfestungen« waren vorgesehen für Wehrmachts- und SS-Einheiten, für Flugzeug-, Waffen- und Falschgeldproduktion und zum Festhalten von »Sonderhäftlingen«. Das Wasser in der »Seegrotte« wurde damals komplett ausgepumpt, der Boden zu einem festen Untergrund betoniert und das verzweigte Gangsystem mit der nötigen Technik wie Beleuchtung und Heizung ausgestattet. In der Höhle haben bis zu 20.000 Menschen – größtenteils Zwangsarbeiter – Rumpfteile des »Volksjägers« Heinkel HE 162 »Salamander«, einem der ersten Düsenjäger der Welt, hergestellt. Die Leitung der Fabrik hatte Karl Hayn, Betriebsdirektor der Heinkel-Werke. Die Fertigmontage der Flugzeuge mit den in der Hinterbrühl gefertigten Rümpfen erfolgte in Schwechat-Heidfeld im Heinkel-Werk auf dem heutigen Flughafengelände.

Die Zwangsarbeiter kamen aus dem Außenlager Hinterbrühl, einer »Zweigstelle« des Konzentrationslagers Mauthausen. Die Häftlinge mussten im 24-Stunden-Schichtdienst Arbeiten unter unmenschlichen Bedingungen verrichten, rund 200 von ihnen starben innerhalb eines Jahres an Seuchen, Entkräftung oder Unterernährung. Dieses Männer-KZ mit dem Tarnnamen »Lisa«, errichtet an der Johannesstraße 16–24 zwischen Maria Enzersdorf und der Hinterbrühl, das im Auftrag der Heinkel-Werke AG gegründet worden war, galt als eines der grausamsten Nebenlager von Mauthausen. Man sagt, dass sich etliche Häftlinge aus Verzweiflung in den elektrischen Zaun der Anlage gestürzt haben, um weiteren Qualen zu entgehen.

Der Gebäudekomplex umfasste vier »Wohn«-Baracken, eine Krankenstation inklusive »Desinfektion« sowie weitere Baracken mit Küche, Verwaltung und Werkstätte mit Bad. Die Mitglieder der SS waren in Häusern zwischen den Lagerblöcken und auf der anderen Straßenseite untergebracht. Die Häftlinge wurden wie Vieh gehalten, eingepfercht in engen Räumen auf mehrstöckigen Holzpritschen. Besonders lustig fanden es ihre Bewacher, die Männer zu verprügeln oder Hunde auf sie zu hetzen, damit diese die »Beute« jagen konnten.

Am 1. April 1945 befahl die NS-Führung den noch übrigen 1.884 Häftlingen den Rückmarsch in das KZ Mauthausen, eine Tour von 200 Kilometern, die zehn Tage dauern sollte – angekommen sind allerdings nur 1.624 Männer. 204 Häftlinge wurden unterwegs erschossen, weil sie zu schwach zum Weitergehen waren, sie wurden am Wegesrand verscharrt. Einigen gelang die Flucht.

51 gehunfähige Männer, die sich zu diesem Zeitpunkt in der Krankenstation des Konzentrationslagers befunden hatten, waren auf Anordnung des SS-Untersturmführers Anton Streitwieser bereits in der Nacht vor dem Abmarsch von SS-Angehörigen mit einer Benzininjektion getötet worden. Allerdings sind einige Sanitätsgehilfen dem Befehl alkoholisiert nachgekommen und haben die Injektionen anstatt ins Herz in die Lunge injiziert, weshalb viele Opfer langsam und qualvoll starben bzw. zusätzlich erwürgt wurden. Die Leichen hat man achtlos in ein Massengrab am KZ-Gelände geworfen.

Die Verantwortlichen für das KZ »Lisa« sind nach dem Krieg ausgeforscht und verurteilt worden. Im Februar 1946 konnten man die 51 Leichen aus dem Massengrab bergen, sie wurden am Wiener Zentralfriedhof (Tor 2, Gruppe 40) beigesetzt.

Noch kurz vor dem Abmarsch der SS hatte ein Sprengkommando mehrere Bomben in der Grotte ausgelegt, um bei der Flucht alle Spuren zu verwischen und das Bergwerk für immer zu zerstören, doch aus einem nicht mehr nachvollziehbaren Grund wurden nicht alle Bomben gezündet, sodass sich der Schaden in Grenzen hielt. Erneut drang Wasser in die Höhle und die Flugzeugwracks sanken auf den Grund des neu entstandenen riesigen Sees. 1948 ist das Schaubergwerk nach Renovierungsarbeiten und der Entfernung aller Fabriksteile erneut eröffnet worden und stellt seitdem eine große Touristenattraktion dar. Ein Modell sowie Teile der HE 162 sind in der Seegrotte ausgestellt.

1989 ist oberhalb der Grotte, wo sich ein Teil des KZs und das Massengrab der ermordeten Zwangsarbeiter befand, vom »Verein zur Errichtung einer KZ-Gedenkstätte Hinterbrühl« um 2,4 Millionen Schilling, teils durch Spenden finanziert, ein 1.155 Quadratmeter großes Areal erworben und vom damaligen Pfarrer der Hinterbrühl Dr. Franz Jantsch initiiert, gegen große Widerstände aus der Gemeinde, eine Gedenkstätte errichtet worden. Auf dem Platz hat man zwei Steine von einer Kultstelle bei Ybbs und einen Menhir, einen aufgerichteten Monolith, aus der Hinterbrühl aufgestellt, ferner ein Betonwaschbecken, das die KZ-Häftlinge damals benutzten. Eine Gedenktafel neben dem Marterl und eine mehrsprachige Hinweistafel an der Straße weisen auf die Verbrechen der Nazis hin.

1994 ging das Eigentumsrecht an dem Grundstück auf die Pfarrgemeinde Hinterbrühl über.

Im Juli 2000 ist diese Gedenkstätte erstmals und im Jänner 2004 noch einmal von Unbekannten beschädigt und in Teilen zerstört worden. In der Nacht auf den 19. Jänner 2004 haben unbekannte TäterInnen eine Gedenktafel zersägt und einen Gedenkstein mit dem Wort »Lüge« besprüht. Am 21. Jänner 2007 wurde die Holztafel, die an der Straße auf die Gedenkstätte hinweist, angezündet.

Auch direkt in der »Seegrotte« gibt es eine Gedenktafel, auf der in deutscher, englischer und italienischer Sprache eingraviert ist:

Zum Gedenken an die KZ-Häftlinge und Kriegsgefangenen, die in der Zeit 1944/45, als die Seegrotte unter der nationalsozialistischen Diktatur beschlagnahmt war, hier Zwangsarbeit leisten mussten.

Ein schreckliches Unglück ereilte die Seegrotte im Jahre 2004. Am 31. Mai kenterte das Boot »Ilse« mit 28 Touristen an Bord, die sich auf Besichtigungstour in der unterirdischen Höhle befanden. Vier Deutsche und eine Belgierin ertranken, als sie unter dem 2.000 Kilo schweren Boot eingeklemmt wurden. Die Unglücksursachen waren einerseits die Instabilität des Kahns, dessen Überbeladung – es hätten sich aufgrund der Bauweise des Wasserfahrzeugs maximal 25 Personen darin befinden dürfen – und andererseits die Ungleichverteilung des Gewichts der Insassen.

Die beiden Geschäftsführerinnen der Seegrotte hatten zuvor das Boot umbauen lassen und von 1,5 auf 2,17 Meter verbreitert, ohne dies der zuständigen Behörde zu melden. Dem Beamten des Landes Niederösterreich wiederum waren die Veränderungen an dem Wasserfahrzeug bei der Kontrolle nicht aufgefallen, als er die Bewilligung zum Einsatz der »Ilse« 2003 verlängerte.

Die beiden Damen, zum Zeitpunkt des Unglücks 66 und 68 Jahre alt, und der 54-jährige Landesbeamte, der den Betrieb des gekenterten Bootes genehmigt hatte, erhielten das Urteil je 15 Monate bedingte Haft wegen fahrlässiger Gemeingefährdung, das in je fünf Monate unbedingte Haft umgewandelt wurde. Der Bootsführer, der die Kähne der Seegrotte ohne »kleines Kapitänspatent« steuerte, erhielt 12 Monate bedingt.

Nach dem Unglück wurde im Juli 2004 wieder Fahrt aufgenommen – mit einem neuen Bootstyp und verbesserten Sicherheitsvorkehrungen.

Schließt man sich heute einer Führung durch die Seegrotte an, erfährt man, dass der See 6.200 Quadratmeter groß ist, rund 250.000 Menschen jährlich zu Besuch kommen und insgesamt bereits 10 Millionen Menschen aus aller Welt eine Tour durch die unterirdischen Gänge unternommen haben. Außerdem wird erzählt, dass Teile der Grotte 1993 als Filmkulisse für den Walt-Disney-Film »Die drei Musketiere« dienten, sich in einem der Stollen seit 1984 das erste »Barbara-Museum« Österreichs befindet und auch eine Barbara-Kapelle existiert, die 1864 für verunglückte Kameraden errichtet wurde, ebenso wie ein Bergwerksmuseum.

Doch – so verwunderlich das auch ist – über die »braune Vergangenheit« der Höhle wird so gut wie gar nicht gesprochen. Zwar finden die Flugzeuge positive Erwähnung, über das KZ und die Qualen der Zwangsarbeiter jedoch berichtet man nur kurz nebenbei. Auch auf der Homepage der Seegrotte findet sich nichts dergleichen. Nostalgisch wird allerdings viel über die Zeit vor 1944/1945 erzählt, etwa dass es im Bergwerk einen eigenen Pferdestall gab und die Tiere sich bis zu 20 Jahre lang im Dunklen aufhielten, wodurch sie erblindeten, oder dass im Festsaal (eigentlich ein Weinkeller in 25 Metern Tiefe, heute der Barbara-Stollen) jedes Jahr am 4. Dezember zum Namenstag der heiligen Barbara, Schutzpatronin der Bergleute, ein rauschendes Fest gefeiert wurde, zu dem der Besitzer des Bergwerks auch die Arbeiter einlud. Noch heute findet dort alle vier Jahre am ersten Sonntag im Dezember eine Barbara-Feier statt, ein Geistlicher zelebriert hier eine Messe zu Ehren der Bergleute.

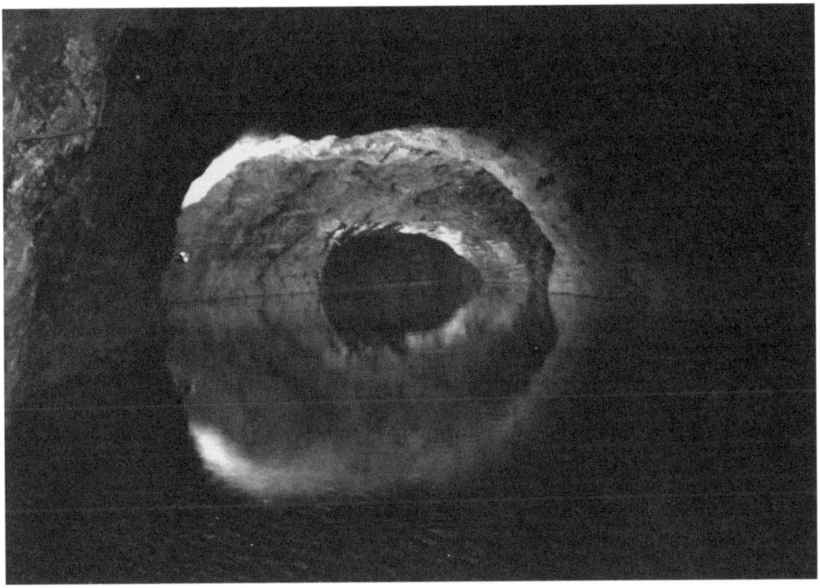

Der 6.200 Quadratmeter große See in der »Blauen Grotte« nahe Mödling, Niederösterreich

Annemarie L., eine Bürokauffrau aus Kärnten, weder geistersichtig noch -gläubig, hat in der Hinterbrühler Grotte Schauriges erlebt.

Sie war mit ihrem fünfjährigen Sohn Alex im Juli 2010 zu Besuch bei ihrem Bruder Gerhard in Niederösterreich und wollte dem Jungen das riesige unterirdische Gewässer zeigen. Sie erzählte Alex, dass der rund 1,2 Meter tiefe See, 60 Meter unter der Erdoberfläche, aus sieben Quellen gespeist wird und keinen natürlichen Abfluss besitzt, weshalb jede Nacht etwa 50.000 Liter Wasser in den Mödlingbach abgepumpt werden müssen, da sonst die Stollen überflutet würden. Der »kleine blaue See«, so berichtete Annemarie ihrem Sohn weiter, hat eine Wasseroberfläche von 300 Quadratmetern. Der Junge freute sich auf den Ausflug, zu dem ihn und seine Mutter auch der Onkel aus Niederösterreich begleitete. In der »Seegrotte« angelangt, in der es auch im Hochsommer frische neun Grad kühl ist, verspürte Annemarie bereits nach wenigen Schritten im Stollen des ehemaligen Bergwerks einen seltsamen Druck im Kopf. Sie dachte, es liege an dem Mangel an Frischluft bzw. am Temperaturunterschied und marschierte weiter, den aufgeregten Alex an ihrer Seite. Gerhard hatte Annemarie nichts von den Geschehnissen der Jahre 1944/1945 erzählt, auch nicht von dem Unfall 2004, damit sie den Besuch genießen konnte. Doch die Frau spürte eine negative Energie, die sie weder zuordnen noch näher definieren konnte. Plötzlich erblickte sie in einem Nebengang des Hauptstollens einen Arbeiter, der nur ein Leibchen und eine zerschlissene Hose trug. Seine Arme und Beine waren ausgemergelt, seine Augen schwarz und stumpf. Annemarie überlegte, warum hier gearbeitet wurde, noch dazu in einer solch leichten Bekleidung. Doch als sie wieder zu dem Mann hinsah, war er verschwunden.

Nach einer kurzen Wanderung bestiegen sie gemeinsam mit den anderen Touristen ein Boot und genossen die Fahrt, die sich im Wasser spiegelnden Lichter, die klassische Musik, die gespielt wurde. Doch plötzlich wurde der Junge unruhig, zuerst begann er zu zappeln, dann zu weinen, wobei er auf die Wasseroberfläche zeigte. Als Annemarie hinunterschaute, gefror ihr das Blut in den Adern: Sie sah fünf Leichen im Wasser, auf dem Rücken treibend, die sie mit weit aufgerissenen Augen anstarrten. Sie riss den Jungen erschrocken vom Bootsrand weg, legte ihre Hand auf sein Gesicht und versuchte ihn zu beruhigen. Die anderen Leute musterten sie irritiert, niemand außer ihr und Alex schien etwas gesehen zu haben. Annemarie gab ihrem Bruder ein Zeichen, dass er nicht nachfragen möge.

Wieder im Freien berichtete Annemarie Gerhard, was sie wahrgenommen hatte. Erst daraufhin erzählte er ihr von den verunglückten Menschen sechs Jahre zuvor. Als Annemarie den Arbeiter erwähnte, berichtete Gerhard auch von den KZ-Häftlingen, die während des Zweiten Weltkriegs hier schuften mussten. Annemarie fragte ihren Sohn, doch der hatte, ebenso wie ihr Bruder, keinen Arbeiter gesehen. Von uns auf paranormale Vorkommnisse angesprochen, reagierte eine der beiden Geschäftsführerinnen sehr unfreundlich und bestritt vehement, dass es bereits zu Sichtungen gekommen sei, obwohl etliche Berichte über Spukerscheinungen wie auch die Präsenz eigenartiger Lichtgestalten im Bergwerk existieren. Auch das Gewieher von Pferden soll nicht nur einmal gehört worden sein.

AM WACHBERG

Ein lautes Wimmern im Stollen

Ein weiteres Außenlager des KZs Mauthausen befand sich in Melk, und zwar vom 21. April 1944 bis zum 15. April 1945 auf dem Gelände der Birago-Kaserne. Innerhalb kurzer Zeit wurde dieses KZ zum drittgrößten in Österreich. Ausgerichtet war das Lager für etwa 500 Menschen, eingepfercht wurden hier jedoch bis zu 10.300 Häftlinge gleichzeitig, die zur Zwangsarbeit eingesetzt wurden. Eingeliefert hat man insgesamt rund 14.400 Menschen aus 30 Nationen, hauptsächlich politische Gefangene, rund 4.800 von ihnen waren Juden. Arbeiten mussten die KZ-Insassen größtenteils für die Firma Steyr Daimler Puch, die zwischen 1938 und 1945 zum größten Rüstungskonzern Österreichs anwuchs.

Als 1943 der Luftkrieg begann, wurde die Produktion des Betriebs, die Herstellung von Kugellagern, unter die Erde verlegt, und zwar in den etwa 14 Kilometer entfernten, verkehrstechnisch günstig gelegenen Wachberg bei Roggendorf. Damit man stets eine große Anzahl von Gratisarbeitskräften zur Verfügung und in der Nähe hatte, wurde das KZ Melk errichtet.

Da der Wachberg aus Quarzsand bestand, erhielt dieses Unternehmen den Decknamen »Quarz B9«. B9 steht dabei für die neunte Bergwerksanlage, die neu geschaffen wurde – A-Projekte bestanden bereits und sind nur weiter ausgebaut worden. Betreut worden ist das Geheimprojekt mit der Dringlichkeitsnummer XVII/44 Soj 1 von SS-Obergruppenführer Dr. Hans Kammler, der verantwortlich war für alle KZ-Bauten und als Experte auf dem Gebiet der bombensicheren Verlagerung galt. Lagerführer war zuerst SS-Untersturmführer Anton Streitwieser, danach bis zur Schließung SS-Obersturmführer Julius Ludolf.

Die KZ-Häftlinge mussten rund um die Uhr in Schichtarbeit Stollen in den Berg treiben und das harte Quarzgestein herausbrechen. Die extrem harte Arbeit, das erzwungene Tempo, die unmenschlichen Bedingungen wie mangelnde Ernährung und Bekleidung sowie Arbeitsunfälle und Misshandlungen führten dazu, dass insgesamt rund 5.000 von ihnen qualvoll ums Leben kamen. Es wurde jedoch regelmäßig für Nachschub aus dem Hauptlager gesorgt.

Die Zeitzeugin Luise L., die 1944 im Post- und Telegrafenamt gearbeitet hat, berichtet:

> *Na mir ham die ja geseh'n, jeden Tag. Zwischen Melk und Loosdorf ist der Wachtberg und da ist eine Munitionsfabrik gebaut worden, durch die KZler, die sind im 44er Jahr gekommen. Das Militär ist abgezogen und die KZler sind dort hineingekommen in die Kaserne. Die sind jeden Tag von der Kaserne hinuntergeführt worden durch die Stadt zum Bahnhof. Solche Figuren kann man sich gar nicht vorstellen, furchtbar, ausgemergelt, jeder hat seinen Topf mitnehmen müssen, weil sie nicht austreten durften. Das hat die Bevölkerung geseh'n. Und dann die Züge, die nach Mauthausen gefahren sind auf der Westbahn, in Viehwagen. Am Bahnhof, da haben sie die Hände herausgestreckt, das habe ich geseh'n, das ist mir in grausiger Erinnerung.*
>
> (Quelle: www.judeninkrems.at)

Außerdem wurden die Internierten auch zur Errichtung von Barackensiedlungen und zu Bauarbeiten in der Luftwaffen-Siedlung in Loosdorf eingesetzt, wo einige der Wachleute und deren Familien lebten, weiters in einem Sägewerk in Amstetten.

Das KZ Melk war in zwei Bereiche geteilt: Wo die Häftlinge, darunter auch Kinder und Jugendliche, leben mussten, befanden sich unter anderem die Wohn-Holzbaracken, ein Krematorium, Werkstätten, eine Entlausungsanlage und das Krankenrevier. Im anderen Teil der Kaserne waren ein Großteil der SS-Mannschaften, zuerst etwa 500 Soldaten der Luftwaffe, später Mitglieder der Waffen-SS, untergebracht. Der gesamte Häftlingsbereich wurde mit Stacheldrahtzaun abgesichert, in regelmäßigen Abständen sind außerdem Wachtürme

Tiefer Stollen am Wachberg, Niederösterreich

mit MG-Ständen errichtet worden. Trotzdem unternahmen die Gefangenen immer wieder Fluchtversuche, bei denen die Wachleute sie im Laufen erschossen. Die Leichen der aufgrund der schweren Arbeit Umgekommenen und derjenigen, die versucht hatten, aus dem Lager zu entkommen, wurden vor Ort verbrannt, die Asche wurde in die Donau gekippt.

Als sich Mitte April 1945 US-Truppen dem Lager näherten, wollte man die Insassen in die Stollen im Wachberg treiben und den Hügel sprengen. Aus einem nicht geklärten Grund wurde dieser Plan jedoch verworfen, die Wachleute der SS evakuierten die rund 6.000 erwachsenen Häftlinge in das KZ-Außenlager Ebensee (am 13. und 15.4.), 1.500 Kinder und Jugendliche wurden nach Mauthausen gebracht (am 11.4.). Die Menschen, die aufgrund ihres geschwächten Allgemeinzustands nicht mehr transportfähig waren, wurden im KZ-Krankenrevier »abgespritzt«, also mit einer Gift-Injektion ins Herz getötet. Die Rote Armee fand das KZ Melk am 8. Mai 1945 leer vor.

Nach 1945 verhinderten ehemalige Häftlinge den Abriss des Krematoriums, es wurde Anfang 1962 zum »Öffentlichen Denkmal Melk« erklärt und beherbergt eine ständige Ausstellung zum Thema. In der Nähe des Eingangs befindet sich außerdem eine Telefonzelle, in der man sich Interviews mit Überlebenden des KZs Melk anhören kann.

Insgesamt entstanden im Wachberg Stollen von insgesamt sieben Kilometern Länge. Die Hauptstollen sind etwa zehn Zentimeter hoch, bis zu 400 Meter lang und mit den Buchstaben A bis F gekennzeichnet, im Stollen A war damals ein Bahnhof untergebracht, F führte als längster Gang durch den gesamten Berg. Die achteinhalb fertiggestellten und sechseinhalb begonnen Querstollen sind jeweils 450 Meter lang. Die Schaufelkratzer der Zwangsarbeiter an den Wänden legen ein erschütterndes Zeugnis von den Vorkommnissen 1944/1945 ab, als Tausende Menschen grausam misshandelt und zu Tode geschunden wurden. Bis heute existieren in den Gängen auch Reste der Baugerüste, die die Häftlinge damals errichtet haben. Die Stollenanlage wurde mittlerweile zugeschüttet, sie ist für die Öffentlichkeit nicht zugänglich, auch wenn sich immer wieder Neugierige dorthin begeben, um ein Schlupfloch in die unterirdischen Höhlen zu finden, die für viele Menschen zum Gefängnis und sogar zum Sterbeort wurden.

Auch Peter K., heute 18, war eines Nachts mit vier Freunden auf den Wachberg marschiert, um die verlassenen, dunklen Stollen zu erforschen. Es sollte eine Art Mutprobe werden. Doch was als lustiger Streich geplant war, wurde für die fünf Jungen zum Albtraum.

»Ich hatte eigentlich schon im Vorhinein kein gutes Gefühl dabei«, erinnert sich Peter heute, »aber kneifen ging nicht, da hätten die anderen mich ausgelacht. In erster Linie habe ich befürchtet, dass wir erwischt werden, denn eigentlich darf man die Stollen ja nicht betreten. Und dann war da halt noch dieses generelle Gruseln, das wohl jeder kennt, der sich in der Nacht in einer einsamen Gegend aufhält, in der sich eventuell andere finstere oder dubiose Gestalten befinden könnten. An Spuk oder Geister habe ich keinen Moment lang gedacht, an so was glaub ich nicht.«

Da sich der Ausflug also nicht abwenden ließ, fuhren die fünf Freunde in einer lauen Frühlingsnacht 2010 mit ihren Fahrrädern zum Wachberg, versteckten die Räder im Gebüsch und schlichen, mit Taschenlampen bewaffnet, hinauf zu den Stollen. Friedrich, Peters bester Kumpel, führte die Truppe an, da er wusste, durch welchen Eingang man in das unterirdische Labyrinth gelangen konnte.

»Der war zwar auch zugeschüttet, aber die Erde wurde dort teilweise weggespült oder weggehoben, man kann dort jedenfalls durch«, berichtete Friedrich. »Kann da auch nichts einstürzen?«, fragte Georg ängstlich. »Es ist eine Mutprobe, Georg, kein Kinderausflug in den Zoo«, witzelte Michi, der Älteste. »Nein, da gehen ja öfter Leute hinein, die sich das ansehen wollen. Und es ist noch nie irgendwas passiert, sonst hätte man das doch gehört«, beruhigte Friedrich. »Einmal ist immer das erste Mal«, brummte Chris. Als die Freunde bei dem Eingang angekommen waren, schickte Michi Peter voraus. »Du bist der Jüngste, du musst als Erster rein«, kommentierte er seine Anweisung. »Ich sollte so weit wie möglich in den Stollen gehen, dort zehn Minuten bleiben und mich umschauen«, erinnert sich Peter, »dann wollten die anderen nachkommen.« Die Taschenlampe leuchtete mit einem relativ schwachen Schein voran, während Peter mit einem flauen Gefühl im Magen die Höhle betrat. »Als ich mich schon ein paar Meter tief im Stollen befand, begann mein Herz zu rasen. Ich hatte wirklich Angst, die Decke könnte jeden Moment auf mich herunterfallen. Es war kalt und finster und irgendwo hörte ich Tropfen zu Boden fallen. Der Gang kam mir sehr lang vor, und obwohl ich relativ schnell ging – so hab ich das jedenfalls empfunden –, schien er kein Ende zu nehmen. Als ich mit der Lampe auf meine Uhr leuchtete, stellte ich fest, dass ich mich bereits 15 Minuten lang im Stollen aufhielt. Doch von den anderen war nichts zu sehen oder zu hören. Als mir klar wurde, dass die mich reingelegt hatten, drehte ich um. Da vernahm ich plötzlich ein lautes Wimmern im Inneren des Tunnels, ganz in meiner Nähe. ›Sehr witzig‹ oder so etwas Ähnliches hab ich dann gesagt, denn ich dachte, einer der anderen wäre mir unbemerkt nachgeschlichen und wollte mir

Angst machen. Aber als ich meine Umgebung ableuchtete, war nichts zu sehen, obwohl das Wimmern fast direkt neben mir zu hören war. Ich richtete die Lampe nach vorne, tiefer in den Gang hinein, doch der Lichtstrahl reichte nicht bis ans Ende des Tunnels. Und das Wimmern war jetzt schon ganz nahe. Panisch bin ich sofort losgerannt, den Weg zurück, bis ich im Schein der Taschenlampe meine Freunde im Eingang des Stollens stehen sah – alle vier. Friedrich war total sauer auf mich, weil er meinte, dass sie mich nach zehn Minuten gerufen hätten, ich sollte wieder rauskommen. Michi war käseweiß im Gesicht. ›Das hättest du hören müssen, wir haben dich, besser gesagt das Licht der Lampe gesehen!‹ Ich kann also nicht so weit weg gewesen sein, wie ich dachte. Doch meine Freunde habe ich nicht rufen gehört.«

Bis heute weiß Peter nicht, wer im Stollen gewimmert hat. »Meinen Freunden hab ich davon natürlich nichts erzählt.« Kleinlaut waren die fünf Jungs damals nach Hause gefahren. Auf derartige Unternehmungen haben sie in der nächsten Zeit verzichtet. »Also entweder es war ein Tier, doch die Geräusche klangen wirklich menschlich, oder ich hab mir das nur eingebildet. Aber warum hab ich dann die Rufe meiner Freunde nicht gehört? Und haben die wirklich mich beziehungsweise den Schein meiner Lampe gesehen, obwohl ich meinem Gefühl nach viel tiefer im Tunnel war?«

Fragen, auf die es keine Antwort gibt.

SANATORIUM WIENERWALD

Die weiße Gestalt im Park: »Ich habe Kafka geheißen.«

Ein erstes Zeichen beginnender Erkenntnis ist der Wunsch zu sterben. Dieses Leben scheint unerträglich, ein anderes unerreichbar.
(Franz Kafka, »Er«, Prosa)

7. April 1924
Liebste Eltern, ich werde vorläufig nichts loben, mit dem Loben komme ich niemals sehr weit, ich werde mich also nur an Tatsachen halten und zwar an die nicht lobenswerten. Gewicht etwa 50 kg. Temperatur wird hinuntergehn, denn ich muß dreimal täglich Pyramidon nehmen, Husten wird sich bessern, denn ich bekomme ein Mittel dagegen, der Hals wurde untersucht, das scheint nicht schlimm zu sein, genaues weiß ich allerdings darüber noch nichts. Um doch mit etwas Lob zu schließen, das Zimmer ist gut, die Gegend prachtvoll. Und nun wollen wir weiter sehn.
Herzlichste Grüße
Euer F
Wenn jemand von uns mit Dora sprechen sollte: sie soll mir ihre Wiener Adresse schreiben und nicht früher nach Pernitz fahren (unendliche Reise) ehe ich ihr darüber nach geschrieben haben. Spricht niemand mit Dora, ist es kein Unglück, nur übergroße Vorsicht meinerseits.

9. April 1924
Liebste Eltern, verzeiht die anfängliche Unregelmäßigkeit der Post, es ist hier ein wenig entlegen, jetzt wird es aber schon in Ordnung kom-

men. Der Hals ist noch immer das unangenehmste neben dem Husten, aber ich bekom verschiedene Sachen dagegen, heute zwei neue, morgen eine dritte, irgendwie wird es schon gelingen und viel Geld kosten wird es freilich auch. Vielleicht könntet Ihr dem Onkel schreiben, dass mir die 10% die ihm zugesagt wurden, nicht abgezogen werden, ich selbst will davon nicht reden. Übrigens ist der Arzt, der Onkels Bekannter ist, seit gestern auch auf Urlaub. D. ist bei mir, das ist sehr gut, sie wohnt in einem Bauernhaus neben dem Sanatorium, nur paar Tage, dann fährt sie nachhause. Herzlichste Grüße allen.
Es ist noch nicht sicher, dass ich nach Hause fahre. Wenn es möglich ist, werde ich die Reise hinausschieben. Für den schönen lieben Brief tausend Dank.

10. April 1924
Liebste Eltern, vielen Dank für Brief und Sendung. Leider ändert sich ab heute meine Adresse. Mit dem Hals werden sie hier nämlich nicht fertig, Ich muß Alkoholinjektionen in den Nerv bekommen, das macht nur ein Specialist, ich übersiedle daher nach: Universitätsklinik des Prof. Dr M. Hajek, Wien IX, Lazarethgasse 18. Dumm ist, dass diese Injektionen einigemal wiederholt werden müssen, der Aufenthalt dort daher einige Wochen dauern wird. Dass ich dort gleich aufgenommen werde, verdanke ich der Fürsprache des Arch. Leopold Ehrmann, der wie immer auch diesmal äußerst lieb zu mir war. Ich hätte sonst in irgendeines der wahnsinnig teueren Stadtsanatorien gehen und einen Specialisten kommen lassen müssen.
So wird es in dieser Hinsicht wenigstens erträglich sein und das für die paar Tage hier hinausgeworfene Geld verschmerzen lassen. Natürlich hätte ich diese ganze Unternehmung ohne D. nicht machen können, so aber ging es, wenigstens bis jetzt, ganz leicht. Ich werde regelmäßig schreiben, aus Wien kommt die Post schneller, ein Vorteil.
Herzl. Gr. – F
D. läßt grüßen, sie packt ein.
Bitte, laßt Max Brod meine neue Adresse sagen.
Wenn es irgendwie möglich wäre, dass der Onkel oder sonst jemand herkommt, wäre es gut.

Diese drei (von mir etwas gekürzten, Anm. GH) Briefe schrieb der aus Prag (damals Österreich-Ungarn) stammende deutschsprachige Schriftsteller Franz Kafka (1883–1924) aus dem ehemaligen Lungensanatorium Wienerwald in Feichtenbach nahe Pernitz in Niederösterreich zwei Monate vor seinem Tod an seine Eltern. Kafka hatte sich dort wegen seiner auf den Kehlkopf übergreifenden Lungentuberkulose aufgehalten und konnte zu diesem Zeitpunkt aufgrund seiner Erkrankung nur mehr unter größten Anstrengungen sprechen. Am 5. April wurde Kafka, der Ärzten generell nicht vertraute und sie für »empörend« hielt, unter der Nummer 2557 ins Patientenverzeichnis des Sanatoriums eingetragen.

Die auf 655 Meter Seehöhe gelegene Lungenheilanstalt wurde 1903/1904 von den beiden jüdischen Lungenspezialisten Hugo Kraus und Arthur Baer gegründet und erlangte bald Weltruhm. Reiche Kranke aus ganz Europa, aber auch tuberkulöse Patienten aus Übersee, etwa Kaffeeplantagenbesitzer aus Südamerika, quartierten sich in dem luxuriösen Sanatorium ein. Auch Bundeskanzler Ignaz Seipel und Kardinal Theodor Innitzer zählten zu den prominenten »Gästen« der Höhenklinik. Die Patientenzimmer waren mit weiß lackierten Möbeln, zum Teil mit Glas- und Marmorplatten belegt, eingerichtet, ein riesiger Wintergarten im Erdgeschoss diente als Foyer und es existierten von Anfang an ein Patientenlift und ein Speisenaufzug. Den Patienten standen außerdem ein Festsaal, eine Kegelbahn, ein eleganter Salon sowie ein Musikzimmer zur Verfügung. Anschließend an das Haupthaus der Anlage befand sich eine hölzerne Liegeterrasse, auf der die Patienten Liegekuren absolvieren konnten. Dazu wurden vom Haus eigene anatomisch geschwungene und weiß lackierte Stahlrohrliegen zur Verfügung gestellt, Decken und Fußpelze mussten von den Patienten jedoch selbst mitgebracht werden, da das Ausleihen von derartigem Anstaltsinventar von Dr. Kraus als unhygienisch bekrittelt wurde. Bettlägerige Patienten wurden auf die Balkone geschoben oder konnten zumindest bei offenem Fenster das heilsame Klima auf sich wirken lassen. Der Gebäudekomplex war von einem großzügig angelegten Park umgeben, die Serpentinenwege schmückten heimische, aber auch exotischen Gehölze und Gewächse. Die hauseigene Gärtnerei versorgte den Park mit in eigenen Glashäusern herangezogenen Pflanzen, auf historischen Aufnahmen sind Palmen, Yuccas und riesige Agaven zu sehen, die den Sommer über in die Parkgestaltung integriert wurden.

Im April 1938 ist das Sanatorium im Zuge des »Anschlusses« an Nazi-Deutschland arisiert worden. Dr. Hugo Kraus verübte deshalb Selbstmord, Dr. Baer, der 1941 verarmt verstarb, wurde verhaftet und gezwungen, das Sanatorium dem Lebensborn e. V. zu überschreiben.

Zuerst diente das Haus, ein von Reichsführer SS Heinrich Himmler geschätzter Aufenthaltsort, unter dem Namen »Heim Ostmark«, schon bald darauf aber in Anlehnung an seinen ursprünglichen Namen »Heim Wienerwald« dem Lebensborn als Mütterheim.

Die Kinder, die hier behindert zur Welt kamen, schienen in der Geburtenstatistik zumeist nicht auf. Der damalige Heimleiter Dr. Norbert Schwab schrieb etwa von der Überstellung eines behinderten Mädchens in die Reichsanstalt am Spiegelgrund, die »im Sinne einer Ausmerze tätig« sei. Was mit den Totgeburten geschah, ist bis heute nicht ganz klar, doch der Hausmeister des Heimes Wienerwald, Josef P., gestand am 30. Dezember 1994 in einem Interview, im Auftrage des Verwalters zumindest eine von ihnen »beim Heim« verscharrt zu haben. Es wird außerdem vermutet, dass zahlreiche SS-und NS-Parteiführer ihre schwangeren Geliebten in das Mütterheim abschieben ließen, ohne dass die Ehefrauen etwas davon mitbekamen. Schwangerschaft und Geburt wurden geheim gehalten und in eigenen »Lebensborn«-Standesämtern (in diesem Fall: Pernitz 2) attestiert.

Von 1945 bis Ende 1948 war das ehemalige Sanatorium ein Kindererholungsheim für unterernährte Kinder aus Wien. 1950 wurde das Haus verkauft und zu einem Urlauberheim der Metall- und Bergarbeiter des ÖGB in Feichtenbach umgebaut. Später diente das Haus der Krankenkasse als Kur- bzw. Erholungsheim. Schließlich ist das ehemalige Sanatorium Wienerwald zum »Hotel Feichtenbach« umfunktioniert worden.

Seit 2002 steht das inmitten der gigantischen verwilderten Parkanlage befindliche Gebäude leer und ist ungenutzt – das ehemals prachtvolle Sanatorium ist zum Geisterhaus geworden. Eigentümer ist eine deutsche Holding Gesellschaft.

Die in Kafkas Briefen an seine Eltern aus dem Sanatorium Wienerwald erwähnte Dora, mit Nachnamen Diamant, war Kafkas letzte Lebenspartnerin, eine Kindergärtnerin, die er 1923 kennengelernt hatte und die ihn bis zu seinem Tod am 3. Juni 1924 pflegte.

Die Sorge um ihren Franz hatte Dora Anfang April in einem Brief an Robert Klopstock, Medizinstudent und sehr guter Freund der beiden, zum Ausdruck gebracht:

> *Robert! Helfen was zu helfen ist! Die Medizin-Ärzte sind am Ende ihrer Macht. Absolut aufgegeben. Die Verzweiflung brachte mich auf den Gedanken der Homöopathie oder ähnlicher Heilmethoden. Ist nichts mehr zu verlieren. Bin allein in Wien, ganz auf mich angewiesen (Geld hab ich). Die Klinik in die Franz kommt, ist entsetzlich. Sie wird sein Ende beschleunigen. Er liegt mit zwei schrecklich leidenden Menschen (Auch Kehlkopf mit Apparaten) in einer Zelle. Bette an Bett. Er kann nicht essen, nicht sprechen! Robert helfen!*

Zwischen den Aufenthalten im Sanatorium Wienerwald und in Kierling war Kafka noch in der Universitätsklinik in Wien gewesen, wie er am 10. April an seine Eltern schrieb und auch seinem Freund Robert gegenüber in einem Brief erwähnte:

> *Der Kehlkopf ist nämlich so angeschwollen, dass ich nicht essen kann, es müssen (sagt man) Alkoholinjektionen in den Nerv gemacht werden, wahrscheinlich auch eine Resektion. So werde ich einige Wochen in Wien bleiben.*

Doch auch dort hielt er es nicht lange aus und übersiedelte Ende April in das kleine Sanatorium Hoffmann in Kierling bei Klosterneuburg in Niederösterreich, wo er in den Armen von Dora und Robert Klopstock verstarb. Der Arzt notierte »Tod durch Herzlähmung«. Kurz vor seinem Ableben soll Kafka zu Klopstock unter Schmerzen gesagt haben: »Töten Sie mich, sonst sind Sie ein Mörder!« Begraben wurde der Schriftsteller auf dem Neuen Jüdischen Friedhof in Prag-Strasnice.

Auszug aus Kafkas letztem Brief an seine Eltern vom 2. Juni 1924, dem Vortag seines Todes:

> *... Die Schwierigkeiten der ersten Zeit hier um und in Wien kennt Ihr, sie haben mich etwas heruntergebracht; sie verhinderten ein schnelles Hinuntergehn des Fiebers, das an meiner weiteren Schwächung arbeitete; die Überraschung der Kehlkopfsache schwächte in der ersten Zeit mehr, als sachlich ihr zukam – erst jetzt arbeite ich mich mit der in der Ferne völlig unvorstellbaren Hilfe von Dora und Robert (was wäre ich ohne sie!) aus allen diesen Schwächungen hinaus. Störungen gibt es auch jetzt, so z. B. ein noch nicht ganz überwundener Darmkatharr aus den letzten Tagen. Das alles wirkt zusammen, dass ich trotz meiner wunderbaren Helfer, trotz guter Luft und Kost, fast täglichen Luftbades noch immer nicht recht erholt bin ...*
>
> (Quelle: Josef Čermák und Martin Svatoš [Hg.]: Franz Kafka – Briefe an die Eltern aus den Jahren 1922–1924. Frankfurt am Main 1993)

In dem ehemaligen Sanatorium in Kierling/Klosterneuburg, Hauptstraße 187, befindet sich heute eine Kafka-Gedenkstätte mit Erinnerungsstücken an seine letzte Lebensjahre: Fotodokumente, Briefe und Karten im Faksimile aus den letzten Monaten vor seinem Tod. Um diese Gedenkstätte zu finanzieren, griff man zu sonderbaren Maßnahmen: Man schnitt das hölzerne Geländer jenes Balkons, auf dem Kafka sich in seinen letzten Tagen noch gesonnt hatte, in Scheiben und bot es als Souvenir zum Kauf an.

Kafka notierte kurz vor seinem Tod in sein Tagebuch:

> *Heute wieder ein schöner Tag, ich liege auf dem Balkon und habe es recht gut. Morgen soll der große Lungenarzt, der König der Wiener Lungenärzte, zu mir kommen, ich habe große Angst vor ihm.*

Doch auch »der König« konnte dem Schriftsteller nicht mehr helfen.

So ganz verlassen ist die ehemalige Lungenheilanstalt nicht: Es tauchten im Laufe der Jahre zahlreiche Schilderungen von Einzelpersonen und auch von Menschengruppen über eine weiße Erscheinung auf, die auf dem Gelände herumspazierte – ohne jede Eile, ohne erkennbare

Absicht, ohne sich von Beobachtern aus der Ruhe bringen zu lassen. Das helle Wesen schlenderte laut Augenzeugenberichten gemächlich hin und her, danach zeitweise im Kreis, dann blieb es stehen und verharrte reglos etwa eine halbe Minute, marschierte weiter auf und ab, vor und zurück, wieder im Kreis, bis es sich nach rund zehn Minuten in Luft auflöste. Insgesamt 23 Leute, die alle nicht genannt werden wollen, können diese Vorfälle bestätigen, sie haben die Erscheinung deutlich gesehen: drei von ihnen in einer Vollmondnacht im Herbst 2002, einer am Abend des 10. April 2005, fünf in der Nacht zum 11. April 2006, zwei am späten Nachmittag eines Regentages im Sommer 2006, sieben im Herbst 2008 gegen 19 Uhr, einer am 17. Oktober 2010 gegen 22 Uhr und acht Jugendliche am 9. April 2011 um Mitternacht.

Ein Medium hörte von diesen Vorfällen und begab sich mit mir auf Spurensuche in die Vergangenheit, um herauszufinden, wer in der ehemals prachtvollen Parkanlage wohl sein (Un-)Wesen treibt. Nach einer 20-minütigen Meditation begann das Medium zu sprechen und erzählte von einem Wesen, das sich Franz nenne und hier eine schwere Krankheit auskurieren wolle. Auf die Frage, wann es hier gewesen sei, antwortete »es« dem Medium, dass es kein Zeitgefühl habe und nicht wisse, wie lange das her sei. Das Wesen erzählte von großen Schmerzen im Hals und dass es alles notiert habe. Auf die Frage des Mediums, wie es außer Franz noch geheißen habe, kam die Antwort: »Ich war ein Schriftsteller. Ich habe Kafka geheißen.« Danach sprach es auch noch davon, dass es hier nicht weg könne, weil es die große Angst besiegen müsse, mehr wolle es dazu nicht sagen. Es kam dann nur noch: »Lasst mich bitte in Ruhe, ich mag nicht, dass da dauernd Leut herkommen und mich begaffen!« Hilfe durch das Medium lehnte es ab. Die Identität der Lichtgestalt ist also vermutlich geklärt: Dort, wo sich Franz Kafka sehr unwohl gefühlt und nur fünf Tage verbracht hatte, scheint er jetzt herumzugeistern – nur er selbst kennt den Grund dafür.

Im Jahre 1914 hatte Franz Kafka in sein Tagebuch geschrieben:

> *Ich verkrieche mich vor Menschen nicht deshalb, weil ich ruhig leben, sondern weil ich ruhig zugrunde gehen will.*

KARTAUSE MAUERBACH

Ein Kloster, ein Siechenheim und lästige Bettler

Stat crux dum volvitur orbis.
Das Kreuz steht fest, während die Welt sich dreht.
(Wahlspruch der Kartäuser)

Das ehemalige Kartäuserkloster in Mauerbach am Kartäuserplatz 2 in der kleinen niederösterreichischen Gemeinde etwa 20 Kilometer von Wien entfernt zählt als barockes Bauwerk mit dem längsten Kreuzgang Europas zu den bedeutendsten Klöstern Österreichs. Die Anlage wurde im Jahr 1314 von Friedrich III. »dem Schönen« gestiftet, im selben Jahr zogen 13 Kartäuser ein – sie waren die ersten in Österreich. Die barocken Arbeiten an dem Gebäude entstanden unter Abt Georg Fasel von 1616 bis 1631. Im Jahr 1782 wurde die Kartause von Kaiser Joseph II. aufgehoben, diente danach zur Unterbringung der

Armen, Gebrechlichen oder sonst ekelhaft Kranken,

die man von den Wiener Spitälern hierher brachte, und war 1944/1945 ein Notspital. Die Kartause wurde außerdem als Lagerraum für eine Sammlung von Kunstwerken genutzt, die während der NS-Zeit geraubt worden waren.

Bis 31.12.1960 diente das verfallende Gebäude rund 100 obdachlosen Familien als Unterkunft, seit 1961 ist die Kartause in Bundesbesitz. Von 1984 bis 1998 erfolgte eine Generalsanierung durch das Bundesdenkmalamt – die Kosten lagen bei rund 10 Millionen Euro. Seit dem Jahr 2000 ist das Kloster der Öffentlichkeit zugänglich. In der Anlage sind heute Werkstätten des Bundesdenkmalamts untergebracht, die sich unter anderem der Erforschung und Weitergabe des Wissens um die in Altbauten verwendeten Materialien und ihre Verarbeitung widmen.

Im Kaisergarten, den man ebenso wie das Gebäude samstags, sonn- und feiertags von 10 bis 18 Uhr besichtigen kann, befinden sich der Bepflanzung des 17. Jahrhunderts entsprechend heute wieder Kräuter, Heilpflanzen und historische Rosen.

Die Kartäuser, katholische Mönche, die als Eremiten leben, gehen auf den heiligen Bruno von Köln zurück, der 1084 in einer einsamen Gebirgsgegend mit sechs Gefährten den Orden in Frankreich begründete, der 1170 von Papst Alexander III. offiziell anerkannt wurde. Ab 1145 wurden auch Frauen aufgenommen.

Die Kartäuser gelten als strengster Orden, den die katholische Kirche hervorgebracht hat. Die Mönche führten nicht nur ein einsiedlerisches, sondern auch asketisches Leben, trugen ein weißes, faltenreiches Gewand mit Gürtel, einen weißen Umhang mit Laschen und einer Kapuze aus grobem Stoff und sie ernährten sich von Wasser, Salz, Gemüse und trockenem Brot. Die meiste Zeit über hielten sie sich in ihren Zellen auf. Es galt das Gebot des ewigen Schweigens, die Kartäuser durften sich untereinander nur durch Zeichen verständigen, darüber hinaus wurde etwa acht Stunden täglich gebetet.

> *Zum Lob der Herrlichkeit Gottes hat Christus, das Wort des Vaters, durch den Heiligen Geist von Anfang an Menschen auserwählt, um sie in die Einsamkeit zu führen und in inniger Liebe mit sich zu vereinigen.* (Statuten 1,1)

Die Kartause in Mauerbach war recht komfortabel, die um den Kreuzgang angeordneten Zellen bestanden aus kleinen Häuschen mit drei Räumen, einer zum Beten, einer zum Handwerken und einer zum Schlafen. Zu jeder Einheit gehörte ein kleiner Garten, den die Mönche bepflanzen durften.

Wenn der Kartäuser nicht gerade in Kontemplation oder Zwiesprache mit Gott versunken war, hat er also gegärtnert oder aber auch gelesen, studiert, geschrieben, Bücher gebunden und Schnitzarbeiten angefertigt.

Unsere Hauptaufgabe und Berufung ist es, dem Schweigen und der Einsamkeit der Zelle zu obliegen … (eine der Grundregeln)

Die stets vorherrschende Stille wurde nur von den Gesängen ohne Musikbegleitung während der Messen unterbrochen, die drei Mal am Tag stattfanden, um 0 Uhr 15, um 8 und um 16 Uhr. Zu Bett gegangen sind die Ordensangehörigen um 19 Uhr 30. Zusammen gespeist wurde nur an Sonn- und Feiertagen, ansonsten erhielten die Mönche ihr Essen durch eine Durchreiche.

Ab dem 16. Jahrhundert schlossen sich immer weniger Menschen den Kartäusern an. In der Zeit der Aufklärung im 18. Jahrhundert wurden weltweit viele Kartausen aufgehoben, auch die in Mauerbach.

Heute sind die Kartäuser neben den Trappisten die einzigen Ordensleute, die sich ihr hochmittelalterliches Ideal der Askese und Beschaulichkeit bis in die Gegenwart erhalten haben. Andere ehemals strenge Orden wie die Zisterzienser oder Benediktiner haben ihre Regeln »aufgeweicht« und sich der Welt geöffnet.

Derzeit gibt es in Asien, Europa und in den USA etwa 20 Kartäuserklöster, im deutschsprachigen Raum existiert nur eine einzige Ordensniederlassung in Bad Wurzach in Deutschland. Das Mutterkloster, »La Grande Chartreuse«, befindet sich in Frankreich, unweit des Dorfes Saint-Pierre-de-Chartreuse.

Im Sommer 1782 haben die letzten Kartäuser Mauerbach verlassen, es wurde ihnen unter anderem die Möglichkeit geboten, auszuwandern, in eine Kartause in ein anderes Land zu ziehen oder den Orden zu wechseln. Die 10.000 Bände der Klosterbibliothek sind in die spätere National- und in die Universitätsbibliothek geschafft worden, das Klosterinventar hat man größtenteils versteigert.

Nach der Aufhebung der Kartause Mauerbach durch Kaiser Joseph II. wurde die Anlage zum »Siechenhaus«. Über 700 Menschen haben gleichzeitig dort gelebt, neben Alten und Kranken auch geistig behinderte Menschen, Alkoholkranke und Kleinkriminelle sowie Kinder, die von einem Arzt und einem Seelsorger betreut wurden. Um genug Räume, Schlafhallen und Krankenzimmer zur Verfügung zu haben, hat man Trennwände im Kreuzgang errichtet und eine Zwischendecke

Kreuzgang im ehemaligen Kartäuserkloster in Mauerbach, Niederösterreich

in der Kirche eingezogen. Zuerst bekamen die Insassen noch »normales« Geld zur Verfügung gestellt, damit sie sich auch außerhalb der Anstalt versorgen konnten. Doch als die Leute die Zuwendungen immer häufiger in Alkoholika investierten, ließen die Behörden eigene Münzen prägen, das »Mauerbach-Geld«, das nur im Heim Wert besaß. Daraufhin nutzten viele der Insassen die »Freigänge« dafür, um auf der Straße zu betteln.

Die Kartause verfiel zusehends: Der Schlamm vom letzten Hochwasser war nie richtig ausgeräumt worden, die Fußböden und Wände verfaulten aufgrund der permanenten Feuchtigkeit, es konnte aus Geldmangel kaum geheizt und schon gar nicht saniert werden – so vegetierten die Menschen dort mehr, als sie lebten.

Im Nationalsozialismus wurden aus der Kartause Mauerbach Geisteskranke zur Tötung abgeholt.

Die Kartause wird heute jährlich von vielen Menschen besichtigt, einige von ihnen hatten in den Räumen des ehemaligen Klosters seltsame Erlebnisse, die sich in den Schilderungen nicht wesentlich voneinander unterscheiden.

Eine 48-jährige Tirolerin, Gudrun Weichsler, erzählte uns Folgendes:

Ich bin mit meinem Mann letzten Sommer in dem Gemäuer gewesen, weil er sich generell für die Kartäuser und ihre Lebensweise interessiert – ich finde das ja weniger spannend und wäre lieber an einen See gefahren. Wir schlenderten durch die verschiedensten Räume und den Kreuzgang, der allerdings wirklich sehr schön und beeindruckend ist. Und plötzlich zog etwas an meinem Hosenbein. Ich habe zuerst geglaubt, es wäre ein kleines Kind, doch da war nichts. Okay, offensichtlich eine Einbildung – dachte ich. Doch gleich darauf riss irgendetwas Unsichtbares an meinem Ärmel und ich bekam Panik. Mein Mann lachte mich natürlich aus, aber ich weiß, was ich gespürt habe. Fluchtartig rannte ich aus der Anlage hinaus auf die Straße und wartete dort auf meinen Gatten, der es nicht einmal für nötig hielt, mir zu folgen. Ich glaube wirklich nicht an Geister, aber da hat etwas an meinem Gewand gezogen, obwohl nichts da war.

Im Gespräch mit einem Historiker erfuhren wir, dass Bettler früher die Gewohnheit hatten, Menschen anzufassen und sich im Zuge der Bitte nach Geld an einem Kleidungsstück des potenziellen Wohltäters festzuhalten. Auch manche Geisteskranke klammern sich gerne an andere Menschen, wenn sie zu ihnen Kontakt suchen.

Eine 25-jährige Wienerin, die nicht genannt werden möchte, erzählte uns ebenfalls ihre Geschichte:

Ich habe mir die Kartause angesehen, weil ich mich für Architektur interessiere, und dieses Gebäude ist einfach großartig. Bereits zum zweiten Mal war ich im Frühjahr 2011 dort, um die Atmosphäre dieses Klosters auf mich wirken zu lassen. Im Kreuzgang wurde ich zwei Mal angerempelt, doch die Menschen um mich herum waren viel zu weit entfernt, als dass sie das getan haben könnten. Irgendetwas hat mich gestoßen, nicht wirklich fest, aber doch so, dass ich leicht taumelte. Es war natürlich auch ein wenig peinlich, die anderen Besucher müssen gedacht haben, ich wäre betrunken. Zuletzt hat etwas an meiner Jacke gezogen, es war ein kurzer, heftiger Ruck. Das ging alles so schnell und schien so unrealistisch, dass ich es in dem Moment zu ignorieren versuchte. Später sprach ich darüber mit einem Mann aus einer Werkstätte, die in der Anlage untergebracht ist, er sagte mir, ich sei nicht die Einzige, die solche Wahrnehmungen gehabt hätte. Offensichtlich gibt es in der Kartause einen wirklich »handfesten« Spuk – vermutlich aus der Zeit, als sie ein Siechenheim war. Oder aber es sind doch Mönche, die uns Eindringlinge vertreiben wollen, weil sie weiterhin in Ruhe und Beschaulichkeit so wie damals leben möchten.

Oberösterreich

LINZER SCHLOSS

Fluchende Geister beim »Trutzbauern«

Wo heute das Linzer Schloss steht, befand sich bereits im 8. Jahrhundert eine Burg, die zur Sicherung des Donauübergangs errichtet wurde. Diese »Burg zu Linze« taucht namentlich erstmals in einer Schenkungsurkunde aus der Zeit Karls des Großen auf – in demselben Dokument wie die Martinskirche, das älteste Gotteshaus Österreichs.

1210 gelangte sie in den Besitz von Babenbergerherzog Leopold VI., 1236 überstand sie die Belagerung durch Herzog Otto II. von Bayern und 1260 richtete König Przemysl Ottokar II. hier seine Landesverwaltung ein. Ab 1288 ließen sich für fast zwei Jahrhunderte mit kurzen Unterbrechungen die Wallseer in dem Gemäuer nieder. 1391 wird erstmals ein Gefängnis in der Burg erwähnt, die 1460 von Wolfgang von Wallsee an Herzog Albrecht VI. abgetreten wurde, der sie renovieren ließ und bis zu seinem Tod 1463 bewohnte.

Friedrich III. ließ die Anlage nach dem überraschenden Ableben seines verhassten jüngeren Bruders Albrecht (es hieß, man habe ihn vergiftet) wegen der drohenden Gefahr aus Ungarn – der Kaiser war von König Matthias Corvinus bereits aus Wien und Wiener Neustadt vertrieben worden – 1477 ausbessern, verstärken und vergrößern. Damals wurde auch die Linzer Stadtmauer errichtet, in die man die Burg einbezog, und eine Wasserleitung in die Anlage legte.

1489 kam es in der Festung zu einem Showdown zwischen Kaiser Friedrich III. und König Matthias Corvinus, damals fand auch das erste in Linz nachgewiesene Turnier statt.

1490 zog sich Friedrich endgültig auf die Burg als seinen Alterssitz zurück und ernannte Linz als vorübergehenden Mittelpunkt des Habsburgerreiches zur »Hauptstadt unseres Fürstentums ob der Enns«. In seiner Pension widmete sich der Herrscher der Alchimie und Astrologie und hielt sich am liebsten auf der Aussichtswarte der Burg auf. Zuletzt übersiedelte er jedoch in sein Stadthaus, da das Gemäuer nach mehreren Bränden bereits äußerst desolat war. Er starb 1493, vermutlich im Kremsmünsterer Stiftshaus am Alten Markt, nach dem »Verzehr von Melonen«, wie damals als Todesursache angegeben wurde. Tatsächlich dürfte er nach einer Beinamputation so geschwächt gewesen sein, dass er das übliche Fasten an Mariä Himmelfahrt nicht überlebte.

Nach Friedrichs Tod befahl sein Sohn und Erbe, Kaiser Maximilian I., im Jahr 1500 die Burg neu herzurichten und einen Tiergarten anlegen zu lassen.

1529, während der ersten Belagerung Wiens durch die Türken, zog sich Ferdinand I., der Enkel von Maximilian I., mit seinem Hofstaat in die Linzer Burg zurück. Auf seine Veranlassung hin wurden die Mauern verstärkt und 1551 die Kapelle neu erbaut.

Kaiser Maximilian II., Ferdinands Sohn, hielt sich hier auf, als er nach Ausbruch der Pest aus Wien flüchtete.

Mit der Erbauung des heutigen Schlosses unter Kaiser Rudolf II. wurde um 1600 begonnen, 1604 entstanden das Haupttor zur Stadt und das Rudolfstor, der Südtrakt war 1607 erstmals bewohnbar, das Innere des Nordtraktes ist erst nach 1613 ausgebaut worden. Im Schloss waren nun die Wohnräume des Landeshauptmannes und seiner Beamten sowie zahlreiche Kanzleien der landesfürstlichen Ämter untergebracht. Die vom Kaiser bewohnten Räume befanden sich im ersten Stock. 1614 hielt man hier den österreichischen Reichstag ab.

In der folgenden Zeit diente das Schloss häufig als Verbannungsort für prominente politische Gefangene. 1683 – während der Zweiten Wiener Türkenbelagerung – residierte Kaiser Leopold I. im Linzer Schloss, auch die Erbhuldigungen von Rudolf II. und Maria Theresia fanden hier statt. Danach begann der Niedergang des Schlosses. Nachdem die Burg von Wiener Neustadt 1768 durch ein Erdbeben schwer beschädigt worden war, wollte Kaiser Joseph II. die Militärakademie in das bereits leer stehende Linzer Schloss verlegen. Kostengründe hielten ihn letzten Endes jedoch davon ab. Allerdings ließ er ab 1774 die

Bibliotheken der aufgelassenen Klöster Linz, Traunkirchen und Steyr hier unterbringen.

Im Jahr 1800 vernichtete ein Großbrand neben 68 Häusern der Altstadt auch große Teile des Schlosses. 1808 begannen die Wiederherstellungsarbeiten, doch auf einen Neubau des Südtraktes wurde verzichtet. 1811 zog das k. k. Provinzial-Strafhaus in den notdürftig restaurierten Bau ein, das man 1851 nach Garsten verlegte.

Nach 1945 und der zeitweisen Verwendung als Flüchtlingslager und Gendarmerie-Kaserne wurde das Schloss 1960 restauriert und beherbergt seither das Oberösterreichische Landesmuseum.

Die Befestigungsmauern der ehemaligen Burg sind noch heute zu sehen, ebenso die Bastion und das Friedrichstor mit der Inschrift AEIOU, dem bereits erwähnten mystischen Code von Friedrich III.

Der westliche Zugang zum heutigen Schloss erfolgt durch den sogenannten »Trutzbauer«, ein Vorwerk des Friedrichstors. Es handelt sich dabei um einen aus Granit-Bruchsteinmauerwerk errichteten Torbau mit einem rundbogigen Durchgang und sieben schmalen Schießscharten im ersten Obergeschoss. Dahinter liegen die gewaltige, leicht gekrümmte Westmauer und der ehemalige Burggraben.

Seinen Namen erhielt der »Trutzbauer« im Jahr 1626, nachdem hier die oberösterreichischen aufständischen Bauern, zu dieser Zeit bereits ohne ihren Anführer Stefan Fadinger, vergeblich versucht hatten, die Burg zu stürmen, nachdem diese bereits zwei Monate lang von ihnen belagert worden war.

Auf den Fahnen der wütenden Bauern konnte man folgenden Spruch lesen:

> *Von Bayern Joch und Tyrannei / Und seiner großen Schinderei / Mach uns, o lieber Herrgott, frei! / Weil's gilt die Seel' und auch das Gut, / so soll's auch gelten Leib und Blut! / O Herr, verleih uns Heldenmut! / Es mueß seyn!*

Im Gegensatz zu den Bauernaufständen 1525 und dem Zweiten Oberösterreichischen Bauernkrieg zwischen 1595 und 1597 richtete sich

Die im 15. Jahrhundert zum Schloss umgebaute »Linzer Burg«, Oberösterreich

der Aufstand im 17. Jahrhundert unter Stefan Fadinger (1585–1626), dem sich unter anderen auch Handwerker, vereinzelt sogar niedrige Adelige anschlossen, fast ausschließlich gegen die Gegenreformation und die bayerische Besatzung.

Aufgrund eines Vertrages von 1619 hatte Kaiser Ferdinand II. Oberösterreich 1620 an seinen Jugendfreund und Vetter, den streng katholischen Herzog Maximilian von Bayern – als Gegenleistung für dessen Waffenhilfe –, verpfändet.

Aber auch die immer größere Ausbeutung der Bauern, die nicht nur bestimmte Mengen an Getreide und Fleisch abliefern mussten, sondern auch Gelddienste zu leisten hatten, war mit ein Grund für die Auflehnung.

Als eigentlicher Auslöser der Bauernaufstände gilt jedoch das »Frankenburger Würfelspiel«, mit dem der bayerische Statthalter Adam Graf von Herberstorff auf die Erhebung bewaffneter Untertanen gegen die Vertreibung des protestantischen Pfarrers und die gewaltsame Einsetzung eines katholischen Pfarrers reagierte. Herberstorff lud am 15. Mai 1625 Bürger und Bauern, die Tage zuvor an einem Aufstand in Frankenburg beteiligt gewesen waren, zur großen Linde am Hausamer Feld vor und versprach ihnen bei Erscheinen Straffreiheit. Doch er ließ die Gruppe sofort nach ihrer Ankunft von einer Heerschar umstellen und 36 Pfarrausschüsse, Richter, Räte und Zechpröbste mussten danach um ihr Leben würfeln. Die 16, die dabei verloren, wurden sofort dem Henker übergeben.

Bis Pfingsten des Jahres 1626 planten der Bauer Stefan Fadinger und sein Schwager, von jedem Hof und jedem bürgerlichen Haus in Oberösterreich je einen Mann für ihren Aufstand zu rekrutieren. Ziel war es, Oberösterreich von den Bayern zu befreien und das Land dem habsburgischen Kaiser zurückzugeben.

Doch der Aufstand brach bereits zwei Wochen vor Pfingsten aus, als bayerische Soldaten in Lembach einem Bauern das Pferd stehlen wollten, und breitete sich über ganz Oberösterreich aus. Ab 24. Juni 1626 ist auch Linz belagert worden. Bereits am ersten Tag wurde Stefan Fadinger angeschossen, zwei Wochen später verstarb er in einem Haus am heutigen Fadingerplatz an einer Blutvergiftung infolge der schlecht versorgten Wunde. Der Kampf ging ohne den Anführer weiter und endete erst mit Beginn des Winters. Den Bauern ging es danach schlechter als je zuvor, zahlreiche Rädelsführer wurden zudem noch enthauptet oder gehenkt.

Seit Mitte des 17. Jahrhunderts erscheinen beim »Trutzbauer« immer wieder Spukgestalten ohne Kopf: Es handelt sich dabei offensichtlich um die Opfer der Schlacht im Jahre 1626, um jene Bauern, die damals im Kampf ihr Leben ließen. Zeugen berichten, dass der Spuk allerdings nicht nur nachts zur Geisterstunde zu sehen ist, sondern auch tagsüber – man soll dabei die Bauern miteinander streiten und Flüche ausstoßen hören. So schnell wie sie kommen, verschwinden sie dann angeblich wieder, um einige Zeit später erneut aufzutauchen und Schlossangestellte und Besucher zu erschrecken.

Uns liegt der Ohrenzeugenbericht eines ehemaligen Museumsangestellten vor, der nicht genannt werden möchte und auch keine umfangreiche Schilderung abliefert:

»Ich will nicht, dass man mich für verrückt hält, denn ich habe immer gesagt: Geister gibt's nicht. Alle, die behaupten, es spukt, haben ein weit größeres Problem als angebliche Stimmen aus dem Jenseits. Und dann hab ich sie selbst gehört. Bei allem, was mir heilig ist, kann ich beschwören, dass ich Männer fluchen, keuchen und brüllen gehört habe, als ich einmal zur Mittagszeit unten stand, um eine zu rauchen. Direkt neben mir haben sie plötzlich losgelegt und da war weit und breit kein Mensch zu sehen. Ich bin so dermaßen erschrocken, dass ich fast die Zigarette verschluckt hätte – kein Witz. So schnell hat mich mein Kollege auch noch nie laufen gesehen, als er zu mir herunterkam. Er weiß bis heute nicht, warum ich davongerannt bin. Gekündigt hab ich nach diesem Erlebnis zwar nicht, aber allein rauchen bin ich auch nicht mehr gegangen. Aber das Schlimme daran ist, dass ich heute weiß, dass es so etwas wie Spuk gibt, dass manche Menschen sich auch nach ihrem Tod noch bemerkbar machen. Warum gerade bei mir, ist mir zwar ein Rätsel, aber ich habe es akzeptiert. Vielleicht hätten sie aber auch neben jedem anderen losgebrüllt, nehmen möglicherweise keine Rücksicht darauf, ob sich da gerade jemand aufhält, wenn sie aus dem Jenseits auftauchen, um diese Schlacht von damals noch einmal zu durchleben. Aber ich wünsche mir, dass mir so etwas nie wieder passiert, denn es hat mir wirklich große Angst gemacht.«

… Dann als an einem Orte
in Oesterreich dem Land
ein Mönch trieb solche Worte
auf der Kanzel zuhand
am Fest der Himmelfahrte
daß wenn sie sich nicht bald
bekehrten ohn länger warten
man solche Ketzerbarte
zwingen würde mit Gewalt.

Man werde Weib und Mannen
zum Theil ausstechen thun
die Augen und fortane
die Ohrn abschneiden lon
das Herz aus dem Leib reißen
und dann auch also bloß
ihnen um das Maul schmeißen
damit man möchte weisen
diese Ketzer so groß.

Darauf die Bauren balde
den Mönchen gschlagen todt
und sich alsdann mit Gwalte
zusamm haben gerott
häufen sich mehr je mehre
wöllen mit starker Hand
und Gottes Hülf sich wehren
nicht von der Lehr abkehren
so sie haben erkannt …

(Auszug aus dem Zeitungslied »Höret in kurzer Summen« zum Bauernaufstand 1626, das nach Bänkelsängerart auf Straßen und Plätzen vorgetragen und dann als »Fliegendes Blatt« verkauft wurde. Quelle: www.volksliederarchiv.de)

Steiermark

KIRCHE BAD RADKERSBURG

Der Blutrichter Johann Wendtseisen, die »Hexe« Veronika … und Arthur

In der Zeit der Hexenprozesse trieb im Raum Radkersburg Johann Wendtseisen sein Unwesen, der als fanatischer Frauenhasser galt und mit äußerster Brutalität gegen der Hexerei bezichtigte weibliche Personen vorging. Als »Blutrichter« nahm er seinen Job sehr ernst, folgte verbissen jedem Hinweis, arbeitete fast rund um die Uhr alle Verdächtigungen ab, indem er die beschuldigten Frauen sofort abholen ließ und diese stundenlang eindringlich verhörte, brutal quälte und misshandelte, um von ihnen ein Geständnis zu erzwingen, und suchte sogar selbst bei »jedem Weibe«, dem er begegnete, akribisch nach Anzeichen der Hexerei.

Wendtseisen war stolz auf seine Arbeit und rühmte sich damit, »sein Land zu säubern«. Er schreckte weder vor den furchtbarsten Foltermethoden noch vor dem Verhängen der Todesstrafe zurück.

Die Folter verlief üblicherweise in drei Stufen: Als Erstes hat man die Gefangenen ausgepeitscht oder ihre Daumen »gepresst«, im nächsten Schritt wurden enge Fesselungen über der bereits geschundenen Haut vorgenommen oder den Frauen spanische Stiefel, eine Fußbekleidung mit innerer Spitze, übergestreift. Die schlimmste »Torture« war das Strecken des ganzen Körpers auf einer Bank oder durch Aufhängen mit Gewichten. Eine weitere Foltermethode was das Anbinden der betroffenen Person auf dem Hexenstuhl, wo sie auf messerscharfen Kanten sitzen musste, die sich in Gesäß und Genitalien bohrten, und dabei unglaubliche Qualen litt.

Im Juni 1672 befanden sich 40 Frauen und Männer, die der Hexerei angeklagt waren, auf engstem Raum in einem Radkersburger Kerker in Haft, wo sie *des üblen Geschmacks halber fast crepiren mussten.*

Am 25. Juni desselben Jahres ließ Wendtseisen sechs Frauen erdrosseln und verbrennen, danach machte er sich auf den Weg nach Luttenberg, wo 38 weitere Menschen auf sein Verhör, im Zuge dessen bereits einige Angeklagte während der Folter verstarben, und auf ein Urteil warteten. Der Luttenberger Prozess dauerte bis 1675 und hat insgesamt 36 Menschen das Leben gekostet.

Weitere Verfolgungen zogen sich durch die ganze Steiermark – der Richter steigerte sich immer mehr in seinen Verfolgungswahn hinein und geriet dabei in einen regelrechten Blutrausch. Am 1. August 1673 wurden weitere sechs Frauen erdrosselt und verbrannt und noch immer befanden sich viele in den Kerkern und sahen ihrer Verurteilung entgegen.

Am 24. Mai 1684 beauftragte Kaiser Leopold I. Wendtseisen,

> *alle zauberischen Personen in den Bezirken Radkersburg, Luttenberg und den umliegenden Landgerichten einzuziehen, zu konfrontieren und zu prozessieren.*

Wendteisens Tätigkeit ist zwischen 1671 und 1685 nachweisbar, sie fällt also in den gleichen Zeitraum, in dem die Verfolgung von Hexen und Zauberern in der Steiermark ihren Höhepunkt erreichte. Im Zuge aller Prozesse, die der Richter geführt hat, wurden über 50 Frauen zum Tod verurteilt, doch mindestens ebenso viele starben in den Kerkern, entweder an Krankheiten, ausgelöst durch die unmenschlichen Bedingungen während der Haft, oder während der grausamen Folter.

Wer genau dieser brutale Mann war, konnte nie geklärt werden. Es wird vermutet, dass er aus einer Ratsbürgerfamilie stammte und eine gute Ausbildung genoss, da er mit lateinischer Literatur vertraut war und in dieser Sprache auch etliche seiner Niederschriften verfasste. Sicher ist, dass er 1673 Stadtrichter von Radkersburg wurde, eine Aufzeichnung von 1679 titelt den Richter als Stadtschreiber. Im selben Jahr hat der Stadtrat Wendtseisen jedoch wegen Profitgier und Bestechlichkeit entlassen. Aufgrund seiner guten Beziehungen zur Regierung wurde er jedoch bald darauf erneut ins Amt gehoben, später ernannte man ihn sogar zum Landesgerichtsverwalter in Oberradkersburg.

Wendtseisen verstarb am 28. März 1689, er wurde in seiner Heimatstadt beerdigt – sein Grabstein ist heute an der Außenmauer der Stadtpfarrkirche von Bad Radkersburg zu sehen.

Der unbarmherzige Richter hinterließ den »Tractatus iudiciarius«, ein theoretisches Werk über Hexenprozesse, das seinen Frauenhass deutlich widerspiegelt.

Im Gedenken an einige Opfer der Hexenverfolgung in der Steiermark:

Name,	*Datum u. Ort d. Verhaftung/Einkerkerung, Todesursache*	
Martha Meßnerin,	*25.12.1671, Graz,*	*starb an der Folter*
Maria Meßnerin,	*3.2.1672, Graz,*	*Strang/Scheiterhaufen*
Christl Meßnerin,	*3.2.1672, Graz,*	*Strang/Scheiterhaufen*
Michael Hörk,	*28.1.1672, Luttenberg/Slo.,*	*starb an der Folter*
Thomas Sagmeister,	*1673, Voitsberg,*	*Strang/Scheiterhaufen*
Veronika Kheberlin,	*13.6.1673, Bad Gleichenberg,*	*Strang/Scheiterhaufen*
Elisabeth Dreigerin,	*13.6.1673, Bad Gleichenberg,*	*Strang/Scheiterhaufen*
Eva Pinggl,	*1674, Judenburg,*	*im Gefängnis gestorben*
Ambrosy Kerschbaumer,	*28.4.1674, Großlobming,*	*Scheiterhaufen*
Agnes Kerschbaumer,	*28.4.1674, Großlobming,*	*Scheiterhaufen*
Martha Peurin,	*5.1.1674, Feldbach,*	*starb an der Folter*
Jakob Kropf,	*23.2.1674, Feldbach,*	*Strang/Scheiterhaufen*
Hans Kropf,	*23.2.1674, Feldbach,*	*Schwert/ Scheiterhaufen*
Eva Krenin,	*26.4.1675, Feldbach,*	*Scheiterhaufen*
Gregor Agricola,	*27.4.1675, Feldbach,*	*in seiner Zelle stranguliert*
Katharina Paldauf,	*23.9.1675, Feldbach,*	*Scheiterhaufen*
Maria Ungerin,	*1677, Fehring,*	*Scheiterhaufen*
Katharina Grudl,	*1677, Fehring,*	*starb im Kerker, Leiche wurde verbrannt*
Michael Prasch,	*1677, Fehring,*	*starb im Kerker, Leiche wurde verbrannt*
Marina Ferlin,	*1677, Sostanj/Slo.,*	*Schwert/ Scheiterhaufen*
Katharina Halbedlin,	*20.7.1680, Bad Gleichenberg,*	*Strang/Scheiterhaufen*
Philip Halbedlin,	*1680, Bad Gleichenberg,*	*Strang/Scheiterhaufen*

Margaretha Reiberin,	*1680, Bad Gleichenberg,*	*Strang/Scheiterhaufen*
Jakob Mayr,	*zwischen 1681 und 1683, Arnfels,*	*Scheiterhaufen*
Dorothea Wabin,	*zwischen 1681 und 1683, Arnfels,*	*Scheiterhaufen*
Katharina Prennerin,	*zwischen 1681 und 1683, Arnfels,*	*Scheiterhaufen*
Ursula Taraushiza,	*1685, Lasko/Slo.,*	*starb an der Folter*

… und viele mehr!

RIP

Juni 1673: Über Teile der Steiermark ging ein heftiges Unwetter nieder, riesige Hagelkörner fielen auf Felder, Wiesen und Häuser und ein heftiger Sturm peitschte durch die Gassen. Die Menschen hatten Angst um das Vieh, das sie nicht schnell genug von der Weide holen konnten, sowie um die Obstbäume und Weingärten. Sie lebten vom Verkauf des Fleisches, des Weins und der Früchte. Besonders betroffen von dieser Wetterkapriole waren Bad Gleichenberg und die umliegenden Orte.

»Das war die Vroni«, schrien die erbosten Bauern, die Mägde und auch alle anderen Dorfbewohner, »sie hat den Hagel herbeigehext, um uns die Ernte zu ruinieren, das böse Weib!«

Mit Vroni war die »Dorfhexe« von Dobrutten, dem heutigen Frutten-Gießelsdorf, Veronika Kheberlin, gemeint, die schon lange im Verdacht stand, mit dem Teufel gemeinsame Sache zu machen. Die Frau wurde am 13. Juni, nur wenige Stunden nach dem Hagelsturm, verhaftet und in den Kerker in Bad Gleichenberg geworfen. Ihre Geschwister sagten aus, dass sich Vroni mit den bösen Mächten verbündet habe und dass sie mit dem Teufel, nur mit einem kurzen Hemd bekleidet, nachts durch die Lüfte fliege. »Sie ist dürftig gekleidet und mit eingebundenem Haar aus den Wolken in den Wald gefallen«, sagte ihre Schwester laut Gerichtsprotokoll des Augustiner-Chorherrenstiftes Vorau. Der Bruder behauptete außerdem, Vroni habe seine Kühe verzaubert, die nun keine Milch mehr gäben.

Die »Hexe« wurde am 18. Oktober 1673 hingerichtet.

(Quelle: www.vulkanland.at)

Februar 1993: Arthur wälzt sich ruhelos im Bett hin und her, er hat Angst davor, die Augen zu schließen, denn seit sechs Tagen träumt er jede Nacht von einer Frau mit langem schwarzem Haar, die nur mit einem Hemd bekleidet durch ein Hagelgewitter läuft, Gesicht und Arme dem Himmel zugewandt, und dabei laut lacht. Doch nach einiger Zeit senkt sie den Kopf, beginnt zu weinen und spricht seinen Namen aus: »Arthur.« Der junge Mann erwacht schweißgebadet und hört noch Minuten später die eindringliche Stimme der Frau in seinen Ohren.

Seine Freundin hat ihn gestern gebeten, etwas gegen diesen Traum zu unternehmen, da er seit drei Tagen übermüdet und schlecht gelaunt ist und – wie seine Freundin behauptet – bereits unter Verfolgungswahn leidet. Erst heute ist er einem Mädchen nachgegangen, die ausgesehen hat wie die Frau aus seinem Traum. Doch er hat es nicht gewagt, sie anzusprechen.

»Ich werde verrückt, wenn das nicht aufhört«, flüstert Arthur in den Kopfpolster. Endlich fallen ihm die Augen zu und schon nach kurzer Zeit begegnet ihm zum siebenten Mal die Unbekannte, die seinen Namen ruft und ihn mit traurigen Augen ansieht.

Endlich beschließt der junge Mann, das Angebot seiner Mutter anzunehmen, eine ihr bekannte »Seherin« aufzusuchen, obwohl er keinerlei Glauben an deren Fähigkeiten besitzt. »Die Frau im Traum ist eine verlorene Seele, die sich an dich wendet. Vielleicht kommt sie aus dem Jenseits, aber vielleicht lebt sie auch irgendwo unter uns und benötigt deine Hilfe«, ist Arthurs Mutter sicher.

Schon am nächsten Tag sitzt der junge Mann der Seherin Brigitte in deren Wohnung gegenüber. Was diese dann während einer Séance in Erfahrung bringt und ihm berichtet, lässt Arthur die Haare zu Berge stehen:

»Die Frau aus deinem Traum ist Vroni. Sie ist im Oktober 1673 als Hexe hingerichtet worden, weil sie angeblich ein Hagelunwetter herbeigezaubert hatte. Doch sie hatte damit natürlich nichts zu tun, sie war unschuldig. Sie hat zu mir gesagt, sie ist von einem Mann verurteilt worden, der Johann hieß. Sein Geist ist an die Kirche von Bad Radkersburg gebunden, doch einmal im Jahr, nämlich am 28. März, kann er aus seinem Grabstein, der sich dort befindet, heraustreten,

Lichtung in einem Wald nahe Bad Radkersburg, Steiermark

24 Stunden unter den Lebenden weilen und Unheil anrichten. Du musst dorthin fahren, drei Mal auf die Platte klopfen und der Richter muss für immer in seinem Grabstein bleiben.«

»Warum ich, und warum jetzt?«, fragt Arthur beinahe tonlos nach.

»Weil sie so lange gebraucht hat, um dich zu finden. Du bist der einzige lebende Nachfahre dieses Mannes.«

Arthur fährt am nächsten Tag, nachdem er wieder von der Frau geträumt hat, in das von seiner Heimatstadt nur 15 Kilometer entfernte Bad Radkersburg, geht zur Kirche und klopft in einem Moment, wo kein anderer Mensch in der Nähe ist, drei Mal an besagte Steintafel.

»Ich muss verrückt sein, dass ich so einen Schmarren glaube«, murmelt der junge Mann kopfschüttelnd.

Ob sich seit diesem Februar 1993 nie wieder ein nennenswertes Unglück am 28. März ereignet hat, ist nicht bekannt. Doch Arthur hat nie wieder von Vroni geträumt. Arthur ist der Bruder meiner Freundin Marion.

MARIA SILBERT

Das Medium und sein Hausgeist Nell

Ein Medium wird nicht nur um Hilfe gebeten, wenn Menschen Kontakt mit einem Verstorbenen aufnehmen wollen, sondern auch dann, wenn jemand unter einer Spukerscheinung leidet und die unerlöste Seele mithilfe der spirituellen Gabe des Mediums »ins Licht« schicken möchte. Es gibt auch Fälle, so sagt man, in denen sich die jenseitige Welt der Gabe eines Mediums bedient, um der Gebundenheit schuldbeladener Verstorbener an das Diesseits ein Ende zu bereiten.

So etwas hat sich im Jahr 1927 in Trebian in der Südsteiermark zugetragen.

Maria Silbert, geboren 1866 mit dem Namen Koralt in Friesach im Bundesland Kärnten, konnte bereits als kleines Mädchen ab einem Alter von fünf Jahren Elfen und Zwerge sehen und mit ihnen kommunizieren. Ihr Vater war über die Schilderungen seiner kleinen Tochter sehr erbost, tadelte und bestrafte das Kind, wenn es von diesem »Unsinn« erzählte und »dreist log«. Auch Marias Großmutter, die den Ruf hatte hellsichtig zu sein, wurde aufgrund ihrer Gabe belächelt und war innerhalb der Familie sogar als »unheimlich« verschrien.

Maria wurde Volksschullehrerin und war verheiratet mit dem Finanzkommissar Gustav Silbert, dem sie zehn Kinder gebar. Gustav verstarb jedoch bereits 1914 und so musste sich die Frau alleine durchs Leben schlagen und tagtäglich hart um ihre Existenz und das Wohl ihrer Töchter und Söhne kämpfen.

Marias Hellsichtigkeit war nach der Kindheit scheinbar verschwunden – bis zu jenem Mittwoch im Frühjahr 1908. An jenem Tag war Maria, die damals in Voitsberg in der Steiermark lebte, mit ihrem Mann zur Behandlung ihrer Füße nach Ligist gefahren. Währenddessen begann in der Wohnung der Familie gegen 18 Uhr plötzlich das Klavier von allein wunderschöne Melodien zu spielen. Die aufgeregten Kinder holten die Hausmeisterin, und zusammen untersuchten sie das Musikinstrument, konnten aber keinerlei Ursachen für die Verselbstständigung der Tasten und Hämmer finden.

Nachdem die Eltern nach Hause gekommen waren und ebenfalls über den »unsichtbaren Pianisten« gestaunt hatten, begann um 20 Uhr auch eine im Zimmer befindliche Geige zu spielen – das Konzert, das auch eine Wohnungsnachbarin miterlebte, endete erst gegen 22 Uhr.

Nach dem Auftreten weiterer paranormaler Phänomene versuchte ein Freund des Hauses Maria zu überreden, ihre Gabe zu schulen. Doch erst nach mehreren Todesfällen in der Familie stimmte das Medium dem im Jänner 1915 zu.

Danach entwickelten sich Marias Fähigkeiten in rasendem Tempo, vor allem im Bereich paraphysikalischer Erscheinungen. Da hat einmal etwas auf einen Tisch geklopft und diesen sogar angehoben, ein anderes Mal haben sich Möbelstücke wie durch Zauberhand verschoben. Häufig tauchten auch elektrische Blitze und andere Leuchterscheinungen auf und es entstanden Gravuren auf metallenen Gegenständen, zum Beispiel im Deckel einer Taschenuhr. Meist ritzte sich der Name »Nell« ein, der sich auf das jenseitige Wesen bezog, das all die Phänomene verursachte und auf diese Art mit Maria in Kontakt trat. Der »Geist« gab sich bereits bei der zweiten Séance im Februar zu erkennen, durch Klopfdiktat (ein Geistwesen erzeugte Klopftöne in einem Möbelstück, und dazu sagten die anwesenden Menschen das Alphabet auf) nannte er den Namen Franziskus Nell, geboren 1656, gestorben 1713, der in Nürnberg gelebt hatte und Offizier und Gelehrter gewesen war. Später fand man heraus, dass es sich bei »Nell« um das Pseudonym für eine historisch nachweisbare Person handelte, was das Geistwesen auch bestätigt hat.

Im Laufe der Zeit gesellten sich immer mehr Menschen aus ganz Österreich zu den abendlichen Sitzungen in die Wohnung des Mediums in Waltendorf bei Graz, Schörgelgasse, denn die Gabe der Maria Silbert hatte sich wie ein Lauffeuer herumgesprochen.

»In vielen bekannten und angesehenen Grazer Familien bildeten sich regelrechte Zirkel, die von Zeit zu Zeit Frau Silbert zu Sitzungen in ihr Haus baten und auch gerne dafür bezahlten.« Das berichtete Heinz Felsbach in der »Neuen Zeit«.

Eines der eindrucksvollsten Erlebnisse mit Maria Silbert schildert der Grazer Zahnarzt Dr. Rottky (Bericht gekürzt, Anm. GH):

Mein Freund, Direktor Macourek, erzählte mir, dass es in seinem neu erworbenen Weingartenhaus in Trebian bei Leibnitz arg spuke – bei voller Windstille höre man oft Sturmesbrausen durch alle Räume gehen, Stöhnen und Klopfen im Zimmer, schwere Schritte auf dem Dachboden und den Gängen. Ein alter Winzer, der im Wirtschaftsgebäude wohnte, erzählte mir selbst von einer oft gesehenen Geistererscheinung: ein hübsches blondes Bauernmädel mit langen Zöpfen, die ihn immer traurig ansah und dann wieder in Nichts zerfloss.

Als Mutter Silbert nach ihrer schweren Krankheit im März 1927 erstmals in Trebian weilte und eine größere Gesellschaft um sie versammelt in dem Raume saß, von dem das Stöhnen auszugehen schien, begann in der Ofenecke wieder das von windähnlichem Heulen begleitete Atmen und Seufzen – und endete schließlich, nachdem ein Klopfdiktat aufgenommen worden war: »Ein stürmischer Frühlingstag, ein Tag voll Leid und Not, oh helft mir, helft mir die Schuld zu gestehen! Erlösung, Erlösung gebt mir!« Man wollte mehr wissen. Es folgten Frage und Antwort, bis dieses dunkle Geheimnis gelüftet war: Am 18. März 1809, an einem stürmischen Frühlingstag, ereignete sich in diesem Zimmer eine furchtbare Tragödie.

Ein blondes Bauernmädel saß mit ihrem Liebsten in dieser nun so unheimlich gewordenen Ofenecke. Ein eingedrungener französischer Soldat wollte das Mädel mitnehmen. Die beiden Männer gerieten in heftigen Streit und der Soldat verließ schließlich den Raum. Draußen erwachte neuerlich sein Zorn – er schlug das Fenster ein und erschoss mit seinem Vorderlader das Liebespaar. Eingeholte Erkundigungen bestätigten uns, dass im Jahre 1809 französische Truppen St. Nikolai im Sausal besetzt hatten und von dort die Umgebung bedrückten. In der Gegend wusste man noch von einem Massengrab beerdigter französischer Soldaten zu berichten, auch von einem Betacker bei Nikolai.

Einige Wochen später – wieder dieses Diktat vom »stürmischen Frühlingstag« – Sturmesbrausen durchs Fenster, das Atmen und Stöhnen in der Ofenecke. Dann kamen ganz eigene Klopfzeichen: zuerst sieben – nach einer Pause eins – und wieder eins. Man fragte nach deren Bedeutung, doch es kam immer nur dasselbe. Das anschließende Diktat »Und wenn die Stunde der Erlösung schlägt, öffnet nicht dem Grauen und Entsetzen Tür und Tor …« bereitete uns jedenfalls vor, dass noch allerlei zu erwarten war. Schon bald ging es weiter: »Meine Mission wird erfüllt und Zeit steht still und Zeit wird künden, dass alle Stunden eins werden müssen – sie kommen und geben, was sie geben müssen. Nach Erlösung ringt die Schuld. Darum führte Vorsehung Deinen Pfad in das Haus, das überfüllt ist mit unbändigen Trieben, Sühne der Schuld zu gewähren. Nehmet Euch der Schuld an, tausendfach wird Sühne vergelten. Geduld, Mut und Vertrauen Eure Waffen. Mit ihnen voran!« Damit war diese Sitzung beendet.

Im Herbst waren wir alle wieder in Trebian auf dem Weingut und hielten am 5. November eine Séance ab, nachdem erneut das Atmen und Stöhnen eingesetzt hatte. Nachdem Mutter Silbert in Trance gefallen war, schob sie uns plötzlich aus dem Raum. Im Vorzimmer hörten wir dann drei Schüsse fallen. Wir stürzten ins Zimmer und fanden Mutter Silbert in völliger Dunkelheit, andächtig in ein Gebet versunken, kniend in der Ofenecke. Ihre Augen waren starr und gläsern. Es kam folgendes Diktat: »Die Stunde, in Leid geboren, sie bedeutet einen Kampf, den kein Mensch gekämpft … und der Sieg in Geduld.« Als das Medium mit der Hand eine Bewegung machte, schreiben zu wollen, drückten wir ihm einen Bleistift in die Hand, konnten den Schriftzügen aber nur drei leserliche französische Worte entnehmen: »La – quand – sprit«.

Auch am nächsten Abend ging nach dem Nachtmahl wieder dieses furchtbare Stöhnen und Sturmesbrausen durchs Zimmer. Mutter Silbert saß neben mir, fiel plötzlich in Trance und ließ den Kopf auf die Tischplatte sinken. Nach etwa einer Minute hob sie ihn wieder – aber völlig verwandelt. Wir erschraken im Augenblick, wie sie dasaß, jung, blond, mit blauen Augen – und uns der Reihe nach ins Gesicht blickte. Nach kurzer Zeit ließ sie den Kopf abermals sinken – und als sie ihn hob, starrte uns ein böses, kriegerisches Männergesicht mit einem schwarzen Knebelbart und einer großschirmigen Mütze an. Dazu Sturmesbrausen – wie heftige Märzwinde in den Bergen. Nachdem Mutter Silbert ihren Kopf wiederum eine Zeit lang auf den Tisch gelegt hatte, erwachte sie aus der Trance und konnte sich, wie immer, an nichts mehr erinnern. Nach einigen Minuten klirrte plötzlich ein Fenster. Mutter Silbert packte mich am Arm und schrie: »Da ist er!« – und durch das zerbrochene Fenster lehnte sich der Oberkörper des eben gesehenen Franzosen herein, legte sein Gewehr an und schoss mit einem fürchterlichen Knall und langem Feuerschein über unseren Tisch hinweg in die bewusste Ecke. Alle fuhren erschreckt hoch und hatten sich instinktiv unter den Tisch geworfen. Als wir langsam wieder hervorkrochen, lag schwerer Pulverdampf im Zimmer. Da niemand mehr Lust verspürte, an diesem Abend noch mehr zu erleben, beschlossen wir, auf der Terrasse die schöne Mondnacht zu genießen.

Kaum hatten wir uns draußen vor dem Haus niedergesetzt und gemütlich zu plaudern begonnen, war Mutter Silbert plötzlich fort. Es mochten zwanzig Minuten vergangen sein – da sah ich plötzlich, wie Mutter Silbert einen steilen, kleinen Weingartenweg heraufgeschwebt kam. Ich kann mich nicht anders ausdrücken – es war ein Schweben. Rasch lief ich ihr entgegen, nahm sie an der Hand und merkte, dass sich diese ganz kalt und frostig anfühlte, wie die einer Leiche. Ich ging neben ihr dem Hause zu. Sie schwebte etwa einen halben Meter über dem Erdboden und machte keine Bewegung. Mit weit aufgerissenen Augen, Totenblässe im Gesicht, starrte sie unentwegt auf den hellerleuchteten Sirius. So führte ich sie in das Haus zurück und die ganze Gesellschaft versammelte sich wieder um den Tisch. Etwa zehn Minuten mochte sie so dagesessen sein, ohne Pulsschlag, fast nicht atmend – in Tieftrance. Als sie allmählich zu sich kam, fragte ich sie gleich: »Mutter, wo warst Du denn?« »In St. Nikolai am Franzosengrab – ein Lichterl anzünden.« Das war ihre Antwort – noch immer in leichter Trance. Wir schauten uns alle fragend und erstaunt an, fast ungläubig. Die Luftlinie bis Nikolai beträgt doch immerhin sechs Kilome-

ter und führt über Gräben, Wälder und Hügel. Auf der Straße fährt man mit dem Pferdegespann eineinhalb bis zwei Stunden. Es wäre nur mit einem modernen Flugzeug möglich gewesen, diese Strecke in so kurzer Zeit zurückzulegen. Wie Mutter Silbert dieses Glanzstück vollbrachte beziehungsweise welche Kräfte dies bewirkten, bleibt uns vorläufig noch ein tiefes Geheimnis.

Es wurde beschlossen, am kommenden Morgen eine gemeinsame Wagenfahrt nach St. Nikolai zu machen. Auffallend war, dass Mutter Silbert bei Erwähnung dieses Ortes sofort den Kopf senkte und in Trance zu fallen drohte, jedoch gleich wieder munter wurde, wenn sich das Gesprächsthema änderte. Um 9 Uhr am nächsten Tag, es war der 7. November, fuhren wir los. Direktor Macourek lenkte selbst die Pferde und wir waren mit ihm sechs Personen, die sich alle über diesen wundervollen Herbsttag und den Sonnenschein freuten. Je näher wir dem Orte kamen, desto mehr überkam Frau Silbert ein Gefühl der Unruhe – und über unser Befragen deutete sie die Richtung an, wohin sie etwas Unwiderstehliches zog. Im Gasthaus, wo wir einen Imbiss einnahmen, machte ich eine Skizze, die zutreffend war. Gegen halb 12 Uhr machten wir uns nun auf die Suche nach diesem mysteriösen Bet- oder Franzosenacker.

Der Weg führte uns an der Kirche, dem Pfarrhaus und der Schule vorbei, von wo es auf einem Feldweg hinausging in die Äcker, Wiesen und Wälder. Wir gingen in einer losen Gruppe – und plötzlich fiel Mutter Silbert in Trance und begann knapp über dem Erdboden dahinzuschweben; so rasch, dass wir ihr nur mit Mühe folgen konnten. Es ging über ein holpriges Stoppelfeld, dann über eine Wiese und auf einmal, es war eine schmale Ackerparzelle, da fiel sie auf die Knie und flüsterte ein Gebet, während ihre Hände auf der Brust gefaltet waren. Vor ihr sahen wir in den Ackerschollen ein abgebranntes Kerzenstümpchen. Nach einer Weile erhob sie sich, machte noch einen etwas abwesenden Eindruck, schaute befremdet um sich und streckte die Hände aus, hielt sie über dem Boden, als wollte sie von der Allmacht für die an diesen Ort Gebundenen Segen herabflehen. Als wir wieder im Gasthaus bei Tisch saßen, hörten wir Klopftöne und dumpfe Schläge unter dem Fußboden, wie von marschierenden Soldaten.

Nach und nach kam ein Rhythmus in dieses immer lauter werdende Klopfen und wir erkannten unzweifelhaft den Takt der französischen Nationalhymne. Unwillkürlich begannen wir mitzusingen, wodurch dieses rhythmische Klopfen, das nun von dumpfen Tönen begleitet war, immer stärker anschwoll. Nun wusste man auch, dass die seinerzeitigen Klopflaute »7, 1, 1« den Tag der Aufklärung angekündigt hatten – den 7. November. Nach Trebian zurückgekehrt, kam wie zur Begrüßung folgendes Diktat: »Liebeswerk an Schuldbeladenen getan – entsühnt zehn Schuldige und segnet Menschen, Ort und Tiere.«

Diese denkwürdige Kundgabe Nells hielten wir nun für den Abschluss geglückter Bemühungen, einst Verstorbene aus ihrer Schuld und Ortsgebundenheit zu lösen. Mit diesen Gedanken setzten wir uns wieder um den Tisch in diesem Zimmer und wollten den letzten Abend in recht harmonischer Geselligkeit verbringen – und vergaßen aber, dass durch Schuld und Fluch dämonische Mächte und Kräfte an diesen Ort gebunden waren. So kam es auch noch zu allerlei Störungen, die aber zusehends abnahmen. Man sah förmlich und spürte den hartnäckigen Widerstand dieser »Störenfriede« – schließlich aber das endgültige Erlahmen dieser dunklen Macht vor der erlösenden Kraft des Gebetes. In diese fühlbar entspannte und beruhigte Atmosphäre klangen plötzlich eigenartig helle Klopftöne an der Mauer, wie von einem silbernen Hammer – und wir nahmen die Worte auf: »Gesegnet sei Dein Kommen – nun ist das Haus durch Dich befreit von seinem Fluch, und die Seelen der Unglücklichen steigen auf in eine lichtere Sphäre.« Tatsächlich zeigten sich seit diesem Tage keine (auch nicht die geringsten) Spukerscheinungen mehr.

(Quelle: www.wegbegleiter.ch)

Wer war aber nun jener Franziskus Nell, Maria Silberts jenseitiger Führer, der von 1915 bis 1934 die aufsehenerregenden Vorgänge bei ihr verursacht hat? Zunächst einmal fand der Bonner Universitätsprofessor Verweyen heraus, dass es sich bei Nell vermutlich um Vincentius Coronelli (1656–1713) handeln müsse, der in seiner Jugend Tischler, dann Offizier, danach Franziskanermönch und zuletzt General dieses

Ordens gewesen war. Nell hatte immer gesagt, dass er am Ende seiner irdischen Mission auch seine Herkunft offenbaren werde. So gab er dann am 16. März 1932 auf dringliches Befragen zu, mit dem Vincentius Coronelli identisch zu sein.

Als Motiv für sein jahrelanges Wirken gab er an: »Ich habe die Allmacht gebeten, in einer Zeit, in der die Welt im tiefsten Materialismus liegt, wiederzukommen und Beweise von einem Jenseits zu geben. Tage steigen herauf, die eure Kraft vonnöten haben. Arbeitet in meinem Sinn. Was ich vor Jahrhunderten gelehrt und nicht vollenden konnte, das vollendet ihr. Werfet ab Ämter und Würden, Reichtum und Armut, Jugend und Alter und leget nieder jeden Hass, denn groß und stark müsst ihr werden im Wirken für die Nachwelt.«

Das Phänomen Maria Silbert ist von einer großen Anzahl von Wissenschaftlern, Ärzten, Theologen, Ingenieuren und anderen Beobachtern untersucht und für echt befunden worden. Dennoch blieb es auch ihr, wie allen anderen bedeutenden Medien damals und heute, nicht erspart, auf übelste und primitivste Weise der Täuschung und anderer Delikte bezichtigt zu werden.

An die Spitze der Silbert-Kritiker setzte sich der damalige Professor für Experimentalphysik an der Grazer Universität, Hans Benndorf. Er gab 1924 die Denkschrift »Die geheimnisvollen Kräfte der Frau Maria Silbert« heraus, die sechs Protokolle von Steirern enthält, die an Séancen teilgenommen haben. Die Teilnehmer berichteten vor allem über die »Materialisationen mit Berührungen«.

Ein gewisser Direktor Wahrlich gibt an: »Und richtig sah auch ich bald die Erscheinung. Ganz automatisch, ohne es eigentlich gewollt zu haben, bückte ich mich rasch, griff zu – und siehe da, zu meiner größten eigenen Überraschung hatte ich den mit einem weißen Strumpf bekleideten linken Fuß der Frau Silbert in einer Hand, und unter ihrem weiten Rock, den ich gleichzeitig aufgehoben hatte, stand der leere Halbschuh.«

Maria ist gesundheitlich und körperlich kein kräftiger Mensch gewesen. Sie war zeitlebens kränklich, monatelang bettlägerig, hatte ein

Fußleiden und musste zwölf Jahre lang an Krücken oder mit einem Stock gehen. Als sie 1907 das neunte Kind bekommen hatte, erblindete sie für fast ein Jahr. Nachdem sie in der Presse gnadenlos als Betrügerin hingestellt wurde, litt sie darunter unsäglich und verwünschte oft ihre mediale Gabe. Sie zog sich immer mehr aus der Öffentlichkeit zurück, starb 1936 und geriet in Vergessenheit.

In den ersten Monaten nach Ende des Zweiten Weltkriegs verrichtete der Mechaniker Karl Wirth Entrümpelungsarbeiten in der Schörgelgasse, darunter auch im Haus der Frau Silbert. Dabei fand er im Keller einen Tisch, über den er Folgendes berichtete: »Der Tisch sah sehr massiv aus. In den Tischbeinen entdeckten wir jedoch eingebaute Federn, die – durch einen Knopfdruck an der Unterseite der Tischplatte ausgelöst – den Tisch springen und tanzen ließen. Wir fanden auch eine installierte Glocke, die ebenfalls auf Knopfdruck reagierte.«

(Quellen: Prof. Dr. Werner Schiebeler in: »Wegbegleiter« 1/2005, S. 2–18; Katharina, Ziegler www.austria-lexikon.at)

Burgenland

ALTENWOHN- UND PFLEGEHEIM GOLS

Zwei Krankenschwestern und ihre geisterhaften Besucher

Gols war, wie auch das restliche Gebiet nordöstlich des Neusiedler Sees, bereits in der Steinzeit besiedelt. Wahrscheinlich ist, dass die Region auch während der römischen Besetzung vom 3. bis zum 5. Jahrhundert bewohnt wurde, und 500 Jahre später ließ sich dort das Geschlecht der Bissener nieder.

Der Ort Gols wird allerdings erst 1217 urkundlich erwähnt, 1582 wurden ihm von Rudolf II. Marktrecht und Wappen verliehen.

Der Name der Ortschaft leitet sich entweder von Gal, dem Oberhaupt der Bissener, ab oder vom heiligen Gallus, einem Wandermönch und Missionar aus dem 7. Jahrhundert, der mit dem Weinbau in Verbindung gebracht wird – in seinem Namen gesegneter Wein helfe bei Fieber, sagt man. Ebenso besteht die Möglichkeit, dass »Gallus« auf Flavius Constantius Gallus (325/26–354), Unterkaiser seines Cousins, des römischen Kaisers Constantius II., zurückgeht. Ab 1898 hieß Gols, das wie das gesamte Burgenland bis 1920/1921 zu Ungarn gehörte, aufgrund der Magyarisierungspolitik eine Zeit lang »Gálos«.

Anfang des 17. Jahrhunderts nahm Graf Franz II. (1577–1625), ein Mitglied der ungarischen Adelsfamilie Batthyány, süddeutsche Protestanten im Burgenland auf und siedelte diese unter anderem in Gols an.

In dieser hübschen, beschaulichen Ortschaft, und zwar in der Mühlgasse 51, befindet sich ein Diakoniezentrum und zugleich Altenwohn- und Pflegeheim, in dem es heftig spukt.

Uschi hatte davon erfahren, um ein offenes Gespräch gebeten und sich Mitte Juli 2011 auf den Weg nach Gols gemacht.
Im Heim angekommen, traf Uschi auf die beiden Krankenschwestern

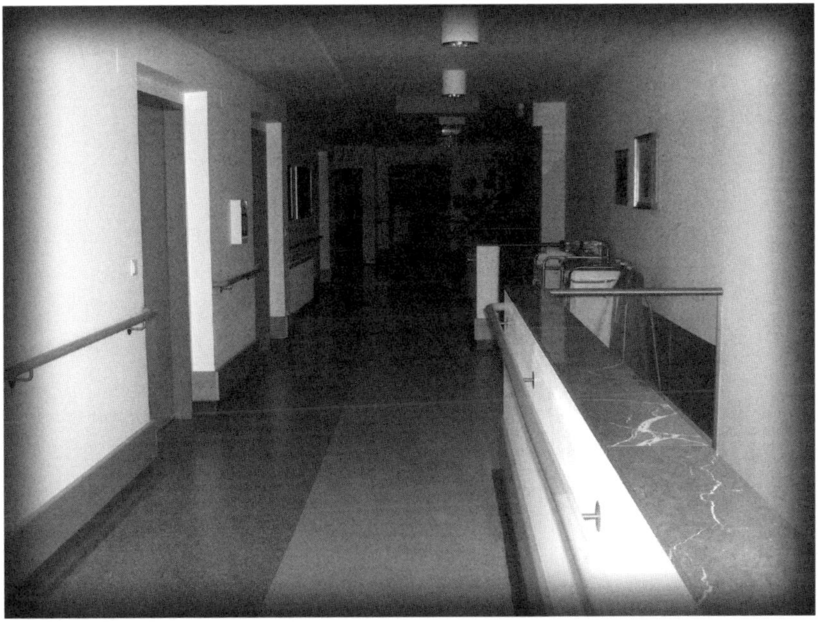

Flur im Altenwohn- und Pflegeheim Gols, Burgenland

Margit und Christine, die ihr nach einigem Zögern und der Abnahme des Versprechens, dass ihre Namen geändert werden, erzählten, dass sie immer wieder das Gefühl beschleiche, dass auf ihrer Station mehr Patienten leben, als auf der Liste stehen.

»Es passieren immer wieder eigenartige Dinge«, schilderte Margit, »vor allem im Nachtdienst, wenn alles schon ruhig ist und wir uns dann in Ruhe einen Kaffee machen. Wir hören Schritte auf den Treppen, obwohl alles bereits schläft, und ein lautes Pumpern am Gang des zweiten Stockes. Es klingt, als würde ein schwerer Gegenstand mit voller Wucht auf den Boden knallen. Wir sehen jedes Mal nach, doch die Ursache des Lärms ist nicht zu finden. Und da wir regelmäßig unsere Runden machen, hätten wir ja auch bemerkt, wenn ein Patient noch wach gewesen wäre.«

Als das Schlimmste aber empfand Margit ihr Erlebnis im Sekretariat des Pflegeheimes, als sie vor dem Kopierer stand und gerade mit ihrem Mann am Handy telefonierte. »Wir machten noch letzte Planungen für unseren Urlaub und ich beauftragte meinen Mann mit einigen Besorgungen, als ich aus dem Augenwinkel auf einmal sah, wie sich von hinten eine Hand auf meine Schulter legen wollte. Noch bevor ich etwas spüren konnte, schrie ich erschrocken auf, drehte mich um und sah … nichts. Mir zitterten die Knie und mein Mann fragte aufgeregt, was denn da los sei. Ich wollte mir natürlich keine Blöße geben und schob meine Reaktion auf eine Spinne. Einzig meiner Kollegin Christine hab ich von dem Erlebnis erzählt – doch diese konnte das ein paar Monate später sogar noch toppen.«

Wieder geschah es im Sekretariat, wo dieses Mal Christine einiges zu kopieren hatte. Spät war es noch nicht, etwa 22.30 Uhr, viele Bewohner hatten noch den Fernseher an und man hörte vereinzelt die Programme durch die Gänge hallen. Margit kam und sagte, dass sie noch zu einer Bewohnerin schauen sollten, da sich diese nicht wohl fühlte. Christine nickte, blickte auf und sah draußen im Gang eine weiße Frauengestalt Richtung Eingang schweben. »Ich muss ausgesehen haben wie der leibhaftige Tod«, erzählte sie lachend, »da Margit ganz erschrocken fragte, was los sei. Margit hat mich ausgelacht, obwohl gerade ihr immer wieder komische Sachen hier im Pflegeheim passieren. Aber sie will es nicht akzeptieren und versucht mit Abschwächungen oder Erklärungsversuchen ihre Ängste zu bekämpfen. Sie redet sich ein, dass alles nur Kopfsache sei.«

Dann berichtete Christine Uschi auch noch von dem Zimmer im Erdgeschoss, in dem immer wieder die Lichter angingen, obwohl es leer stand.

»Ich könnte stundenlang erzählen«, sagte die Krankenschwester, »aber wer würde mir das schon glauben? Noch dazu müssen wir hier arbeiten, da brauchen wir das Gespött der anderen sicher nicht. Obwohl es …«, zögerte sie, »hier auch Ecken gibt, welche die anderen Angestellten ebenfalls meiden. Im ersten Stock rechts am Ende des Gangs ist eine Aufenthaltsecke. Da sitzt aber nie jemand. Die Energie dort ist derart negativ, das hält keiner aus. Und auch unten im Keller, wo die Umkleiden der Angestellten sind, fühlt sich niemand wohl.«

»Vielleicht liegt das am langen, düsteren Gang neben der Kapelle, wo immer unsere Gottesdienste abgehalten und unsere verstorbenen Bewohner aufgebahrt werden«, meinte Margit. »Ich weiß es auch nicht, aber da unten ist irgendetwas, das wir nicht sehen, aber fühlen können.«

»Wer in dem Heim herumgeistert, weiß man nicht, doch dass es spukt, steht außer Frage«, ist sich Uschi sicher. Christine jedenfalls vermutet, dass es sich um ehemalige Bewohner handelt, die sich hin und wieder bemerkbar machen.

»Wir akzeptieren das und reden mit niemandem darüber, und schön langsam gewöhnen wir uns auch daran, was auch immer es sein mag«, sagte Margit, bevor sich die beiden Krankenschwestern von Uschi verabschiedeten und ihre Nachtschicht antraten.

NEUSIEDLER SEE

Elf junge Leute im Boot und eine jährlich wiederkehrende Wasserlache

Bei Österreichs größtem stehendem Gewässer, dem Neusiedler See (den die Ungarn Fertő-tó, »sumpfigen See«, nennen), handelt es sich um einen Steppensee im nördlichen Burgenland, der zu einem Teil auf österreichischem, zum anderen und wesentlich kleineren Teil auf ungarischem Staatsgebiet liegt. Die bekanntesten Städte am »Meer der Wiener« in Österreich sind Neusiedl am See, Podersdorf, Mörbisch und Rust.

Der Neusiedler See entstand etwa 11000 v. Chr., erste Spuren von Besiedlung an den Ufern lassen sich aufgrund stein- und bronzezeitlicher Funde auf 8000 bis 6000 v. Chr. datieren. Als die Römer im Jahr 9 n. Chr. die Provinz Pannonien gründeten, nannten sie das Land um den Neusiedler See Boierwüste, da es dünn von den Boiern besiedelt war. Damals wurden die dichten Eichenwälder des Seewinkels abgeholzt, da man das Holz in Carnuntum benötigte. Im 3. Jahrhundert entstanden die ersten Weingärten in der Gegend.

1074 ist der Neusiedler See, den man damals je nach Wasserstand abwechselnd als Sumpf, Fluss oder See bezeichnete, erstmals urkundlich erwähnt worden.

Im Jahr 1501 wurde der See vom Geschichtsschreiber Johannes Turmair, genannt Aventinus, vermessen: Länge: 45.000 Schritt, Breite: 15.000 Schritt, Umfang: 100.000 Schritt. Im Jahr 1520 erreichte das Gewässer die derzeitigen Ausmaße – es besitzt heute eine Fläche von rund 329 Quadratkilometern, wobei man vom Nordufer aus aufgrund der rund 27 Meter hohen Aufwölbung der Wasseroberfläche, hervorgerufen durch die Erdkrümmung, nicht bis ans ungarische Südufer sehen kann. Der See enthält 250 Millionen Kubikmeter Wasser, wovon jährlich 200 Millionen verdunsten. Zuflüsse von unter anderem der Wulka tragen 20 Prozent des Wasserstands bei, Niederschläge 80 Prozent. Der einzige Abfluss ist der von den Fürsten Esterházy Ende des 19. Jahrhunderts angelegte »Einser-Kanal«, durch den der Wasserstand zum Teil reguliert werden kann, vor allem Überschwemmungen im Frühjahr werden durch ihn vermieden.

Der Untergrund des Sees ist sandig bzw. vorwiegend nahe dem Schilf oder in den Buchten »gatschig«. Bei dieser pampigen Masse handelte es sich um verrottende Biomasse und Faulschlamm – organisches Material, das aufgrund fehlenden Sauerstoffs biochemisch umgewandelt wird, wobei die markant nach faulen Eiern riechenden Methan- und Schwefelwasserstoffgase gebildet werden, die auch verantwortlich sind für die eisfreien Stellen, wenn der See im Winter sonst vollständig zugefroren ist.

Im Laufe der Jahrhunderte stieg und fiel der Wasserspiegel immer wieder, zeitweise um bis zu 1,6 Meter (heute maximal 90 Zentimeter). In den Jahren 1740, 1773, und 1811 bis 1813 war das Gewässer teilweise zur Gänze verschwunden, ebenso von 1864 bis 1870, eine Zeit, in der Reis im Seebett angebaut wurde.

In der Ortschronik ist zu lesen:

Als der See 1865 komplett austrocknete, wirbelte der Wind den Staub des Bodens in dicken Säulen über die Ebene.

An einem Septembertag desselben Jahres überquerten der Ortspfarrer Carl Fodermayer und der Raaber Domherr Josef Mayrhofer den Seegrund. Während des viereinhalb Stunden dauernden Fußmarsches stießen die beiden Männer auf

zwei stark sumpfige Plätze, wo der Domherr etwa einen halben Schuh, der Herr Klerikus aber beinahe bis zum Knie hineinsank.

Am 5. November 1866 kam es auf dem Gebiet, wo sich noch zwei Jahre zuvor der Neusiedler See befunden hatte, zur »Seeschlacht von Oggau«, die ihren Auslöser im Diebstahl von Fischgras hatte, das die Ruster während einer Prozession der Oggauer zur Rosalienkapelle entwendeten. Die Seeschlacht, die im Trockenen stattfand, forderte mehrere Schwerverletzte. Als das Wasser 1870 zurückkam, wurden mehrere Dörfer von dem See verschluckt und für immer von der Landkarte gelöscht.

Von 1878 bis 1918 wurde immer wieder geplant, das Gewässer für immer trockenzulegen, da der See laut Nikolaus IV. Fürst Esterházy als solcher »keine Bedeutung mehr« hätte. Der »verheißungsvolle Entwässerungsplan« scheiterte jedoch durch den Anschluss des Burgenlands an Österreich. Die Umsetzung weiterer Pläne zur Trockenlegung des Neusiedler Sees verhinderten 1921 Jäger, Naturschützer und weite Teile der Bevölkerung, die eine Klimaänderung befürchteten.

1941 erreichte der See seine größte Ausdehnung seit Menschengedenken. Er trat viele Kilometer weit über die Ufer und überflutete einige Teile von Anrainergemeinden. Straßennamen wie die »Seeufergasse« mitten in Apetlon zeigen noch heute, wie weit sich der See ausdehnen konnte.

Der Neusiedler See ist kein Süßwassersee, er hat eine leicht erhöhte Salzkonzentration – mit 0,2 Prozent etwa ein Zwanzigstel von Meerwasser. Der Gehalt an verschiedenen Salzen entspricht dem Mineralstoffgehalt in Mineralwasser. Seine Eintrübung entsteht aufgrund der Strömungen und der geringen Tiefe durch schwebende Sedimentteilchen.

Ein weiteres Phänomen sind die orkanartigen Stürme, die etwa zwei Mal pro Jahr über den See fegen, im Zuge derer »Schiefstellungen« des Wasserspiegels von bis zu 80 Zentimetern entstehen. So ein Sturm lässt einerseits meterhohe Wellen entstehen, schiebt aber auch das Wasser beiseite, sodass weite Teile im Trockenen liegen.

Im Winter wiederum können Eisbarrieren und Schneewächten von bis zu sieben Metern Höhe auftreten, der See ist auch schon mehrmals bis zum Grund zugefroren, zuletzt im Jahr 1929.

Zwischen 1978 bis 1984 gingen Fischern die Trümmer von zwei Fliegern aus dem Zweiten Weltkrieg ins Netz, die 1944 in den See gestürzt und deren Besatzungen dabei ums Leben gekommen waren. Die Flugzeugtrümmer sind im Landesmuseum Eisenstadt ausgestellt.

Bemerkenswert sind die Flora und Fauna im Bereich des Neusiedler Sees, die dem Gewässer im Jahr 2001 die Ernennung zum UNESCO-

Welterbe mit der Bezeichnung Kulturlandschaft Fertő/Neusiedler See eingetragen haben.

Aber auch der Schilfgürtel, der den See beinahe vollständig umgibt, ist außergewöhnlich: Seine Fläche in Österreich beträgt rund 100 Quadratkilometer. Zehn bis 15 Prozent des Schilfgürtels werden im Winter maschinell geerntet und teilweise auch weiterverarbeitet. Das Rohr wird hauptsächlich für die Dachdeckung verwendet. Durch die eingelagerte Kieselsäure ist das Material besonders widerstandsfähig. Allerdings sind im Schilf schon mehrere Menschen ums Leben gekommen, weil sie die Orientierung verloren haben. Es kursiert zudem das Gerücht, dort hause ein Rohrwolf, der »Yeti des Neusiedler Sees«, der von Zoologen den lateinischen Namen »canis lupus minor« erhalten hat.

Eine weitere Absonderlichkeit des Sees ist, dass dort häufiger als an jedem anderen stehenden Gewässer Fata Morganas über der Wasseroberfläche beobachtet werden. Doch vielleicht ist ja der See als Ganzes eine Halluzination, denn Heinz Löffler (1927–2006), Erforscher von Binnengewässern, hat erkannt, dass auf den Neusiedler See keine der mehr als 100 Möglichkeiten der Entstehung eines Sees zutrifft. Für die Region um den See gilt jedenfalls: »Die Realität ist eine Halluzination, die durch den Mangel an Alkohol verursacht wird.«

Im Neusiedler See sind seit dem Ende des Zweiten Weltkriegs 20 Menschen ums Leben gekommen, was dem Gewässer seinen Ruf einbrachte, trotz der geringen Tiefe heimtückisch zu sein.

Im Jahr 1822 sind am 16. August, dem Tag des heiligen Rochus, neun Burschen und zwei Mädchen bei einer Bootsfahrt ertrunken, als sie mitten am See von einem Gewitter überrascht wurden. Eines der Opfer war der 17-jährige Mathias Seeberger, dessen Familie im »Baderhaus« am Raiffeisenplatz Nr. 3 in Purbach gewohnt hat. Das Unglück wurde im Volkslied »Die unglückliche Bootsfahrt« festgehalten.

Stärker blies der Wind stets immer, / Wasser viel ins Schiffchen drang, / da entstand ein Klag-Gewimmer, / von ihnen statt Freudgesang.

Hülfe ruften sie mit Weinen, / helft uns Armen in der Noth, / doch kein Helfer wollt erscheinen, / sie zu retten von dem Tod.

Viele Menschen sahn von Ferne, / ihren Schmerz mit Mitleid an, / jeder wollte helfen gerne, / doch jetzt helfen niemand kann.

(Strophen 10, 11 und 12)

Seit dem Tag erzählt man sich folgende Geschichte, die auch in der lateinisch geschriebenen Pfarrchronik von 1822 festgehalten wurde:

Als an jenem 16. August abends ein Sturm mit wilder Kraft losbrach, überkam Frau Seeberger eine dumpfe Angst. Als sie immer aufgeregter wurde, hörte sie plötzlich Schritte. Vor ihren Augen öffnete sich die Tür und vor ihr stand ihr Sohn, durchnässt von Kopf bis Fuß, wie wenn er in schlammiges Wasser gefallen wäre. Und traurig schaute er seine Mutter an. Die besorgte Mutter sprang auf, lief ihrem Sohn entgegen, und ehe sie ihn erreichte, war er verschwunden. Nur eine leere Wasserfläche fand sie dort, wo er gestanden war. Auf ihren Aufschrei hin eilten die Hausbewohner herbei und hörten entsetzt, was ihnen die verstörte Frau erzählte. Um der Ungewissheit ein Ende zu machen, liefen die Leute zum See hinunter und erkundigten sich bei den Fischern über die Bootsfahrer. Doch die Fischer wussten nur, dass die jungen Leute in einem voll besetzten Boot hinausgerudert waren. Aber zurückgekommen war bisher niemand. Als sich der Sturm zu legen begann, ruderten einige Fischer auf den See hinaus. Sie brachten die Nachricht, dass von den Ausflüglern keine Spur zu finden gewesen sei. Nach einigen Tagen fand man zwischen Podersdorf und Illmitz elf auf den Wellen des Sees treibende Leichen. Gute Leute zogen sie heraus, und man begrub zwei in Podersdorf, die übrigen neun in Illmitz.

Und bis heute, so sagt man, erscheint am Todestag der elf unglücklichen jungen Leute, am 16. August, in Purbach abends am Seeufer eine kleine Wasserlache – auch wenn der Asphalt rundherum staubtrocken ist. Mathias Seeberger und seine Freunde dürften bis heute nicht zur Ruhe gekommen sein und den Ort aufsuchen, wo sie einst fröhlich lachend das Boot bestiegen haben.

Gingen zu dem See spazieren, / sie zusammen all hinab,/ freudig gingen sie zu ihren, / keins gedachte es, zum Grab.

(Strophe 4)

Kärnten

LADINGER GMOAN

Gendarmeriebeamte auf den Spuren der Geister

Lading ist eine Katastralgemeinde wie auch Ortschaft im Bezirk und in der Stadtgemeinde Wolfsberg in Kärnten, mitten im Lavanttal.

Erwähnenswert ist die Wehrkirche des kleinen Dorfes: Als um 1480 die Türken in Kärnten einfielen und die Siedlungen im Oberen Lavanttal und an der Saualpe abbrannten, flüchteten die Bewohner von Lading in ihre Kirche. Nur einige mutige Männer haben sich hinter der Wehrmauer verschanzt, um das kleine Gotteshaus von dort aus zu verteidigen. Die Türken mussten unverrichteter Dinge wieder abziehen, hinterließen aber auf der Schwelle zur Kirche eine große Wachskerze, als wollten sie damit den gottesfürchtigen Menschen in ihrem Versteck Respekt zollen. Doch die Männer misstrauten dieser Stiftung und untersuchten die Kerze, wobei sich herausstellte, dass sie bis an den Rand mit Pulver gefüllt war – wenn man sie angezündet hätte, wäre die Kirche bei der Explosion zerstört worden. Zum Dank, dass dieses Unglück verhindert werden konnte, hat man die Kerze beim Altar der Kirche aufgestellt, wo sie noch lange zu sehen war. Heute erinnern an die wehrhaften Ladinger nur noch die Schießscharten in der Mauer rund um das Gotteshaus.

Die Türken konnten im 15. Jahrhundert vertrieben werden, nicht aber die Geister, die in dieser Gegend im 20. Jahrhundert jahrelang Bürger und Gendarmerie in Atem hielten.

Während des Ersten Weltkriegs im Jahre 1917 trieb nämlich in einer alten Jäger- und Köhlerhütte in der »Ladinger Gmoan« ein seltsamer Spuk sein Unwesen. Selbst die Exekutive schaffte es damals nicht, Licht ins gespenstische Dunkel zu bringen.

Die Ereignisse in der Ladinger »Geisterhütte« sind älteren Bewohnern des einst einschichtigen Gebietes noch heute in Erinnerung. Bezirkshauptmannschaft und Landesregierung hatten zu jener Zeit die Gendarmerie beauftragt, die Sache zu untersuchen und den Schwindel aufzudecken, was trotz wiederholter Nächtigungen der Beamten in der Hütte nicht gelang. Vor allem Gendarmerieinspektor Aichelburg war es, der mit allen Mitteln die seltsamen Geheimnisse zu lüften versuchte.

Seine Protokolle geben ausführlich Auskunft über die damaligen Ereignisse (Bericht gekürzt, Anm. GH):

Von der Absicht geleitet, mit dem Bericht allen, besonders den Forschern und Zweiflern, über das undurchdringliche Dunkel des Jenseits vom Grabe zu den Tausenden einen neuen Beweis hinzuzufügen, will ich zwei interessante Begebenheiten meiner langen Gendarmerie-Dienstzeit erzählen, wie ich sie anfänglich selbst als Zweifler mit nüchternem, klarem Verstand in den Jahren 1911 bis 1918 beobachtet habe, bis ich dabei selbst zur Überzeugung kam, dass es doch ein Weiterleben nach dem Tode gibt und geben muss.

Am östlichen Ausläufer der Saualm gegen das Lavanttal liegt der Ort und die Gemeinde Lading, deren Wohnhäuser bis unter die Alm reichen. Am nördlichen Abhang gegen die Kötsch befinden sich in einem wiederaufgeforsteten Holzschlag eine alte und eine etwas neuere Holzhütte. Die alte Hütte war vor vielen Jahren Wohnung der Holzarbeiter und Kohlenbrenner und dient nun als Viehstall. Die neuere Hütte war damals vom Jäger Heinrich Otti, seiner jungen reschen Gattin, drei Kindern, wovon das Älteste, Ida, elf Jahre und das Jüngste einige Monate zählte, einer alten Mutter und einem in Galizien durch Lungenkrankheit invalid gewordenen Verwandten bewohnt. Die Hütten, von welchen die Jüngere auch ein Zimmer für Jagdherren hatte, samt dem Wald und der Alm, gehören dem Herrn Johann Offner, Sensenwerkbesitzer in Schwemmtratten bei Wolfsberg, Kärnten. Zu diesen sehr entlegenen Hütten führt eigentlich kein richtiger Fahrweg, sondern es kreuzen dort nur mehrere Fußwege. Die Hütten heißen »Ladinger Gmoanhütten«, der folgenden Begebenheit wegen auch Geisterhütten.

Im Sommer 1917 hörte ich von den Leuten in Lading, dass es in der Hütte des Jägers Otti »geistere« und dass diese Familie Tag und Nacht keine Ruhe habe, schenkte dieser Sache aber keinen Glauben. Bald darauf kam ich dienstlich in das Gasthaus des Matthias Knauder, Wirt in Lading, wo zufällig auch der Vorsteher dieser Gemeinde, Franz Buchbaumer, anwesend war, zu dem ein Mädchen kam, das Petroleum verlangte. Auf die Frage des Vorstehers, wofür sie denn so viel Petroleum benötige, erwiderte das Mädchen, dass es ohne Licht gar nicht zum Aushalten sei. Darauf erzählten mir der Vorsteher und der Wirt, dass dies ein Kind der Familie Otti sei, in deren Wohnung schon seit längerer Zeit ein unsichtbares Wesen hause. Soviel sie aber immer davon hörten, überzeugt hätten sie sich noch nie. Ich lud die zwei Herren ein, mit mir und meinem Ersatzgendarmen Friedrich Gernoßnig die eine Stunde gegen die Alm zu gelegene Hütte zu besuchen. Alle waren einverstanden, nur Herr Knauder weigerte sich, in diese grausige Hütte zu gehen, und blieb zurück. Es war am 22. November 1917 um vier Uhr nachmittags, als wir bei der Hütte des Otti angelangten. Frau Otti mit den Kindern und dem Kriegsinvaliden trafen wir zu Hause an. Nach längerem Gespräch kamen wir auf den Geisterspuk, wobei uns Frau Otti die Geschichte von Anfang an erzählte, was wir, vielmehr ich, nicht glauben konnten.

Sie sagte, einmal sei so etwas Gewaltiges von außen in die Hütte gefahren, dass die an der Innenseite der Holzwand aufgehängt gewesenen Gegenstände wegsprangen; sie konnten aber bei der sofortigen Nachschau nichts bemerken. Seit diesem Abend sei in der Hütte bei Tag, besonders aber bei Nacht keine Ruhe mehr. Am meisten aber werde die kleine Ida, bei der der Geist sich am häufigsten aufhalte, durch allerlei Dinge wie Bisse geplagt, besonders nachts im Bett. Ansonsten beschäftige sich der Geist mit verschiedenen Bosheiten wie Absperren von Türen, Herumwerfen von Hacken und anderem Zeug und mit dem Zusammentragen solcher Gegenstände auf einen Haufen und so weiter, lauter Sachen eben, die ganz unglaublich sind. Der Kriegsinvalide fluchte darüber trotz seines nahen Todes aber so schrecklich, dass ich genötigt war, ihn mit Rücksicht auf seinen hoffnungslosen Zustand zu ermahnen. Er meinte darauf, auf den Schlachtfeldern Galiziens habe er schreckliche Dinge erlebt, sei zwischen den Toten und Sterbenden gelegen und habe zwischen und auf den Toten geschlafen, aber so etwas wie in dieser verlassenen Almhütte habe er nicht erlebt, wo man nicht einmal beim Essen eine Ruhe habe, und einem dieses »Rabenvieh« die Suppe auf dem Tisch ausschütte, indem es den großen schweren Tisch aufhebe. Auf meine Einwendung, irgendein boshaftes Lebewesen halte sie alle zum Besten, meinte die beiden, Frau Otti und der Invalide: »Der es nicht glaubt, kann es ja lassen und nicht glauben, uns ist das ja gleich, und es wäre uns allen lieber, wenn wir von allem nichts wüssten.« Ich konnte mir die ganze Sache bei diesen unerfahrenen Almmenschen einfach nicht erklären.

Vorausschicken muss ich noch, dass die Wohnung der Familie Otti nur aus einem großen Zimmer bestand, in dem sich ein Sparherd, drei Betten, eine Wiege, einige Kästen und ein großer, viereckiger Bauerntisch mit den langen Stühlen und einer Wandbank befanden. Da es nach Angabe der Genannten dann am meisten und ehesten geistere, wenn sich Ida ins Bett lege, ersuchte ich, dies zu versuchen. Die elf Jahre alte, schmächtige und kränklich aussehende Ida legte sich nun samt den Kleidern auf die Decke in ein Bett, nach meiner Anordnung auf den Rücken, die Füße ausgestreckt und die Hände über die Brust gelegt, damit man jede Bewegung des Kindes sehen konnte. Das Zimmer war gut beleuchtet. Meine Begleiter standen beim Bett, Frau Otti kochte beim Herd das Nachtessen, der Invalide saß kauernd beim Tisch und meinte: »Bin neugierig, was heute das Luder machen wird.« Die kleineren Kinder spielten auf dem Zimmerboden und das Jüngste lag in der Wiege. Die alte Mutter war im Stall beim Vieh beschäftigt. Jäger Otti wurde vom Revier erwartet.

Wir Fremdlinge warteten schon gespannt, was kommen werde. Ich stand knapp beim Mädchen, um so genau wie möglich alles zu sehen. Alsbald fing es hinter dem Bett, zwischen Wand und Bettkopf, zu kratzen und zu klopfen an, sehen konnte ich aber nichts. Dann hob eine unsichtbare Hand das Kopfpolster auf, zog es, bei einer Ecke zusammengreifend, hin und her und schleuderte das Polster, auf dem das Kind mit dem Kopf lag, gegen das untere Bettende. Der Invalide sagte: »Jetzt ist das Luder schon da.« Mittlerweile kratzte es wieder gewaltig hinter dem Kopfbrett wie mit einem eisernen Kral. Das von mir an seine Stelle zurückgebrachte Polster wurde neuerdings gefasst, und ich wollte die unsichtbare Hand, deren Griff am Polster deutlich zu sehen war, schnappen, fasste aber ins Leere; das Polster flog wieder hinaus. Gleichzeitig wurde Ida an mehreren Körperstellen gebissen, dass sie aufschrie. Wir untersuchten eine Stelle am rechten Oberarm und fanden sehr deutlich einen schönen Menschenbiss fest in die Haut gedrückt, also die vollständigen Zahnreihen eines Erwachsenen. Wir staunten und konnten beim besten Willen keine menschliche Tätigkeit bemerken. Mittlerweile war auch Jäger Otti aus seinem Revier heimgekommen und meinte: »Ja so treibt er es halt immer, wir werden von dieser Plage nicht mehr los, ich möchte schon am liebsten ausziehen, wenn ich eine andere Wohnung bekäme.«

Zu ziemlich später Stunde, gegen Mitternacht, mussten wir unsere Versuche aufgeben und den weiten Heimweg antreten. Obwohl ich alles so deutlich wie nur möglich sah und eine Täuschung mir ganz ausgeschlossen schien, konnte ich an etwas Übernatürliches nicht glauben. Am nächsten Morgen erstattete ich hierüber der Bezirkshauptmannschaft den schriftlichen Auftrag, der Sache bei der sich bietenden Gelegenheit nachzugehen und später hierüber wieder Bericht zu erstatten.

Am 11. Dezember 1917 zeitlich in der Früh machte ich mich mit Gernoßnig auf den Weg nach Lading und nahm unter anderem auch den Auftrag wegen des Geisterspukes mit. In Lading ersuchten wir auch den Gemeindevorsteher Franz Buchbauer, mit uns als Zeuge und Amtsperson zur Geisterhütte mitzugehen. Ich dachte mir, heute muss es gelingen, in diese dunkle Sache Licht hineinzubringen, obwohl ich mich als den hierfür keineswegs geeigneten Menschen erachte. Aber das kann ich nun versichern, dass hier auch der gelehrteste Forscher nichts ausgerichtet hätte. Nachdem wir unsere übrigen Erhebungen erledigt hatten, betraten wir gegen Abend die Geisterhütte.

Frau Otti erzählte, dass der Geist immer noch sein Unwesen treibe, und fühlte sich samt Familie wegen der ständigen Unruhe recht

Waldweg in der Umgebung der Ladinger Gmoan, Kärnten

unglücklich. Wir ersuchten Ida erneut, sich angezogen wie sie war ins Bett zu legen, so wie das erste Mal. Und es dauerte nicht lange, und das gewaltige Kratzen am Kopfbrett begann. Währenddessen suchte ich vergebens mit Licht und Hand hinter und unter dem Bett. Mit dem Polster und dem Kind wiederholte sich dasselbe, nämlich Ziehen, Heben und Werfen des Polsters und Beißen des Kindes. Wir legten drei Rosenkränze beim Kopfbrett unter das Polster, die gleich darauf eine Zeitlang hin und her geschleift, dann einer nach dem anderen wie mit der Hand zusammengedrückt und im Bogen gegen das Bettende hinausgeworfen wurden. Wir legten dieselben wieder hinein, worauf einer der Kränze frei und senkrecht ober dem Kopfpolster in der Luft hing, wieder zurückfiel, und ohne dass wir beim genauesten Zusehen etwas merkten, fanden wir alle drei Kränze auf dem Fußboden unter dem Bett. Ich steckte meinen Säbel mit der Spitze in das Kopfbrett, während ich ihn fest im Griff hielt und sagte: »Greif an, wenn du kannst!« Sogleich erfasste eine unsichtbare Hand die Spitze knapp beim Bett, versuchte einige Male zu drehen und stieß schließlich mit einem starken Ruck den Säbel hinaus. Ich kam dabei zur Überzeugung, dass hier ein Schwindel ganz ausgeschlossen sei.

Gegen Mitternacht schickten wir uns an, aufzubrechen. Bei unserem Weggehen sagte der Invalide mit schon sehr schwacher Stimme: »No heute werden wir wieder eine liebe Nacht haben, habe schon einige Male mit der Hacke hingehauen, wo das Mistvieh arbeitet, aber es hilft nichts.«

Auf dem Heimweg bei Schnee und Kälte sprachen wir, Gernoßnig und ich, beinahe kein Wort, denn dieser Fall beschäftigte mich hinreichend, ohne dass ich eine Lösung fand. Dazu war die Nacht mit dem halben Mondlicht in den verschneiten Bergen und Bäumen, die ihre Äste tief herunterhängen ließ, danach angetan, um in der Seele eine ganz merkwürdige Stimmung zu erzeugen. Erst gegen Morgen rückten wir in unsere Station ein. Bald darauf hörte ich, dass der Invalide in der Geisterhütte gestorben sei, und ich überlegte, ob nicht nach diesem Todesfall ein Besuch in der genannten Hütte für die Klärung von Vorteil wäre.

Am 27. Dezember 1917 in der Früh ging ich allein bei hohem Schnee über Forst und Kötsch der Geisterhütte zu. Unterwegs schlossen sich mir freiwillig, aus Neugierde, Gottfried Darmann und Nikolaus Kalcher, zwei starke, junge Männer, an. Mir war dies recht, weil ich gleich zwei verlässliche Zeugen hatte. Um vier Uhr langten wir ziemlich matt bei der Geisterhütte an. Frau Otti war zu Hause, ihr Mann im Revier, die Alte im Viehstall, und die Kinder spielten im Zimmer. Auf meine Frage, ob sich etwas zum Besseren geändert habe, erwiderte die Otti zornig: »Nein! Ist immer noch gleich!« Sie schimpfte über die vielen Besuche, das viele blöde Gerede über den Spuk und ihre Familie. Ida, die schon sehr schlecht und schwach aussah und vor unserem Besuche mit den Sterbesakramenten versehen wurde, hatte sich versteckt und musste gesucht werden. Frau Otti waren diese Besuche nicht nur der Kinder wegen begreiflicherweise unangenehm, sondern auch weil Leute die Familie für Schwindler hielten. Darmann und Kalcher ersuchten, das Kind möge sich doch ins Bett legen, was es auf Geheiß seiner Mutter nach einigem Zögern auch tat. Herr Kalcher legte seinen Rosenkranz unter das Kopfpolster, und als er ihn aber herausnahm, war derselbe in zwei Teile zerrissen. Sonst rührte sich nichts. Nach längerem vergeblichem Warten stand Ida wieder auf, und wir setzten uns zum Tisch und besprachen, da es schon stark finster wurde, den Heimweg.

Da, auf einmal ein sehr heftiger Schlag vom Tischwinkel, diesem folgten mehrere, bald dort, bald da, auf dem Tisch, an dessen Füßen, aber man konnte bei bestem Willen und Licht nichts sehen. Nun begann der schwere Tisch sich fortzubewegen, wir wollten ihn festhalten, aber vergeblich. Dabei krachte er in allen Fugen. In einem Moment der Ruhe schrie das Kind in der Wiege laut auf, als wäre es gestochen. Frau Otti sagte: »Jetzt hat er es wieder gebissen, wie schon so oft.« Da begann der Tisch sich wieder zu bewegen, ich zog ihn zweimal zurück und sagte, er soll sich durch ruhiges Klopfen verständlich machen, vielleicht können wir erfahren, was er will. Darauf flog der Stuhl, auf dem Ida und ich saßen, mit einem Ruck hinaus bis inmitten des Bodens, beinahe wären wir auf dem Rücken gelegen. Ich nahm den Stuhl, und wir setzten uns umso fester darauf. Nach einigen wuchtigen Schlägen an den Tisch flog unser Stuhl wieder fort, ohne umzufallen. Meine Begleiter staunten und waren sprachlos. Inzwischen kam der Jäger Otti so gegen neun Uhr abends voll Schnee und Kälte von der Alm in die warme Stube und sah uns, nachdem wir uns begrüßt hatten, ohne sich's bequem zu machen, mit schlechter Laune zu.

Darmann, Kalcher, Ida und ich hielten dann nach spiritistischer Art alle sachte die Hände auf den hinausgeworfenen Stuhl, wo er stand, der sogleich mit einer solchen Heftigkeit hin und her, auf und nieder schlug, dass dadurch nicht nur wir, sondern auch die sonst kaltblütige Frau Otti und ihr Mann kopfscheu wurden und sagten: »Na, so was hat er noch nie gemacht.« Ich ersuchte diesen unsichtbaren Geist, sich etwas anständiger und ruhiger zu benehmen, zumal er mir mit dem Stuhl ein paar Mal grob auf meine Schienbeine geschlagen hatte. Als Antwort hob er den Stuhl einen halben Meter auf, hielt ihn einige Augenblicke in der Luft fest und schlug dann mit diesem mit solcher Wucht auf den Fußboden, dass man glaubte, der Stuhl müsse in Trümmer gehen. Erst nach nochmaligem Ersuchen wurde er ruhiger und das Wesen begann, auf alle Fragen durch Klopfen zu antworten, allerdings nur dann, wenn Ida was fragte. Wir konnten erfahren, dass alle guten Werke recht und gut sind, aber ihm könne nichts helfen, und dass er nach vierzig Jahren in seinen jetzigen Verhältnissen bleiben müsse.

Wir schickten uns, weil es schon gegen elf Uhr ging und wir die Familie nicht mehr länger stören wollten, zur Heimkehr an und standen alle im Zimmer umher. Beim Abschiednehmen meinte ich, dass wir uns auch von unserm unsichtbaren Freund verabschieden sollten, wünschten ihm Frieden und gute Nacht. Aber siehe da, zum Erstaunen aller ging der Stuhl aus freien Stücken von einem zum anderen, sogar zur Wiege, in der das Kind lag, verneigte sich tief bei jeder Person und ging auf seinen alten Platz zurück, wo er stehenblieb. Das war so rührend, dass wir einander nur groß anschauten und nichts sagen konnten. Es war unzweifelhaft ein Wesen, was nicht nur fühlte, sondern sogar einen Anstand und eine gewisse Bildung hatte. Ich hatte das Gefühl, einen unsichtbaren, guten Freund vor mir gehabt zu haben, dem ich so gerne geholfen hätte.

Wir hatten genug und schritten in die tiefverschneite Mitternacht hinaus. Auf unserem finsteren Heimweg von zwei bis drei Stunden sprachen wir, im tiefen Schnee hintereinander gehend, kein Wort. Nur ab und zu hörte man außer den Nachtvögeln, die, von uns aufgescheucht, wie Geister zwischen den Bäumen dahinhuschten, vom einen oder vom anderen einen tiefen Seufzer. Der Geisterspuk in der Ladinger Gmoanhütte wurde nicht nur von uns, sondern auch von mehreren hochstehenden Persönlichkeiten wie der Gräfin Cristalnig besucht. Ich kam aber nicht mehr dahin. Nachdem Ida Otti schon sterbenskrank war, sah sich der Geist genötigt zu wechseln.

Im Frühjahr 1918 erschien der Keuschler Franz Painsi vom Fuße des Forst- und Eingang des Arlinggrabens in der Kötsch, ein alter, ganz glaubensloser Steirer, ganz aufgeregt und weinend in meiner Wohnung in St. Margarethen und erzählte, er habe von einem unsichtbaren Ding Tag und Nacht im Haus und Stadel seit dem letzten

Montag keine Ruhe; sogar im Bett werde er von diesem Unwesen geschlagen. Auch mit Kot und Steinen beworfen. Er müsse den Besitz verkaufen. Auf meine Frage, wie das gekommen sei, sagte Painsi, er sei am letzten Sonntag mit seinem elf Jahre alten Ziehknaben Paul Reinisch und seiner Tochter in der Geisterhütte in Lading gewesen, habe aber nichts bemerkt und, weil es spät war, mit den Kindern dort geschlafen. Am nächsten Morgen, montags, habe er beim Fortgehen aus Dummheit allerdings den Geist mit dem Worten eingeladen: »No Geist, wannst willst, kannst mitgehen!« Und dieselbe Nacht fing es im Stall, wo er mit Reinisch schlief, an. Er behauptete, nachts nicht schlafen zu können, und war durch die Unruhe, Hauen und Werfen von Gegenständen gezwungen, mit Reinisch zum Schlafen in die Küche zu übersiedeln. Painsi bat mich flehentlich, besonders nachts, öfter hinzuschauen, um, wie er meinte, etwas zu beruhigen. Ich war tatsächlich einige Male nachts heimlich dort, beobachtete und horchte um Haus und Stadel herum, ohne etwas wahrzunehmen. Die Räume waren beleuchtet und alles in tiefster Ruhe. Als ich einmal bei Tag in Painsis Wohnung kam, um mich zu erkundigen, wie es stehe, erzählte mir die Familie unter anderen gleichen Vorkommnissen wie in der Geisterhütte auch, dass der Unhold einmal bei Tag den Geschirrkasten in der Küche fortgeschoben habe, bis dieser vornüber zu Boden fiel. Nun kam auch ich hier wieder zum Glauben, besonders deshalb, weil es in der Geisterhütte in Lading, wie mir Jäger Otti freudigst mitteilte, seit dem Besuch des Painsi vollkommen ruhig war und der Geist offensichtlich übersiedelt sei.

Es war im Sommer 1918, als ich einmal an einem Sonntagvormittag von dem damals beim Kriegsgefangenen-Arbeitergruppenkommando in Wolfsberg eingeteilt gewesenen Feldwebel und Doktor der Theologie Stanzl aus Wien eingeladen wurde, mit ihm die Geisterei beim Painsi über mündlichen Auftrag des Herrn Bezirkshauptmannes Baron Ott aufzuklären. Ich musste natürlich zusagen, und Dr. Stanzl holte mich in meiner Wohnung in St. Margarethen um 15 Uhr desselben Sonntags ab. Er hatte eine elektrische Lampe mit und meinte unterwegs, die Aufklärung müsse heut gelingen. Ich beglückwünschte ihn dazu schon im Voraus und war sehr gespannt darauf. Wir kamen gegen Abend zum Painsi, als dessen Frau gerade das Nachtessen zubereitete, wobei auch wir jeder eine Schale gegen Bezahlung erhielten. Bis die häuslichen Arbeiten beendet waren und die Frauenspersonen, Mutter und zwei Töchter, im ersten Stock sich schlafen gelegt hatten, betrachteten wir alles genau. Der eigentliche Schauplatz war hier die Küche: ein mittlerer Raum mit langem Sparherd, in der Ecke gegenüber ein Bauerntisch mit den langen Stühlen, einem Geschirrkasten und zwei Stockerln. Neben dem Sparherd hatte Painsi seit seiner Flucht aus dem Stall seine Liegestätte auf einem mit einem Strohsack belegten Bett und Reinisch auf seinem Strohsack auf dem Boden.

Nun trat Dr. Stanzl in Tätigkeit. Hund und Katzen wurden hinausgejagt, die Haustür und die anderen Türen abgesperrt. Auf den Sparherd hat er eine brennende Petroleumlampe gestellt. Reinisch musste sich in der Mitte des Bodens auf seinen Strohsack legen, mit einer Kotze (alte, abgenutzte Decke, Anm. GH) *zugedeckt; unter den Kopf bekam er einige zusammengelegte Röcke. Painsi hatte vor seinem Niederlegen auf seiner Liegestätte beim Strohsack des Reinisch ein Stockerl mit Weihwasser und einen geweihten Palmbesen hingestellt in dem Glauben, dass es so nicht zu grausig werde. Als wir mit der komischen Zurichtung fertig waren, klopfte jemand ans Fenster und verlangte Einlass. Dr. Stanzl wollte davon nichts wissen, ich aber war der Meinung, man sollte doch Zeugen haben, damit später nicht wieder alles als Schwindel hingestellt werde, und ich öffnete auf seine Zusage die Tür. Draußen standen der angesehene Besitzer Anton Oswald und sein Knecht. Diese mussten sich in den Tischwinkel setzen und sich ganz ruhig verhalten. Painsi und Reinisch – dieser lag auf dem Rücken – durften sich nicht rühren. Wir knieten beim Strohsack des Reinisch, Dr. Stanzl bei den Füßen, diese haltend, und ich beim Kopf, die Hände des Jungen ergreifend. Der Doktor schaltete noch seine elektrische Lampe ein, und so war der Raum mit zwei Lichtern gut beleuchtet. Es herrschte Totenstille – aber nur einige Minuten. Es war 21 Uhr. Wir sahen deutlich, wie eine unsichtbare Hand die Kotze auf der anderen Seite wegziehen wollte, so stark, dass wir beide fest zurückhalten mussten. Dabei sah man deutlich, wie eine Ecke wie mit einer Hand zusammengedrückt wurde. Als der Unsichtbare mit der Kotze nichts ausrichtete, flog dem Doktor der auf dem Stockerl gegenüber liegende Palmbesen scharf ins Gesicht und dann auf die Decke. Dies machte den Herrn Doktor schon etwas aufgeregt, und er meinte staunend: »Schrecklich großartig!« Gleich darauf flog ein hinter uns stehendes Stockerl im Bogen über unsere Köpfe gegen die Zimmertür, dann flogen die Röcke unter dem Kopf des Reinisch einer nach dem anderen zum Stockerl bei der Tür, das merkwürdigerweise stand. Dann schlug es einige Male das Sparherdtürl hastig auf und zu.*

Auf einmal schrie der wie tot daliegende Reinisch auf: »Maria, jetzt ist er über mich gelaufen!« Zugleich sahen wir, wie etwas Größeres durch die Decke ging. Ich fragte das Wesen, ob es sich nicht mehr in der Ladinger Hütte befinde und ob es noch klopfen könne. Hierauf folgten drei kräftige Schläge neben dem Strohsack auf den Fußboden und ein leises, schnelles Weiterklopfen als Antwort. Auf die Frage des Dr. Stanzl, ob er, der Geist, denn gar nicht sprechen oder sonst wie in irgendeiner Sprache sich mit uns verständigen könne, begann ein langgezogenes schmerzliches Jammern, verbunden mit Klopfen, das sich im Zimmer fortbewegte, langsam verstummte und auf jede neue Frage von neuem anfing. Dies war das Interessanteste und das Ergreifendste, was ich in dieser Hinsicht bisher erlebt hatte, und es versetzte alle Anwesenden in größtes Staunen und Bewundern. Dass hier wohl kein Schwindel vorliegen konnte und etwas ganz anderes waltete, sahen wir deutlich genug ein. Das muss auch jeder aufmerksame Leser ohne weiteres zugeben. Ich wüsste auch nicht, was ein Schwindel in dieser Form und so lange, wenn wirklich ein solcher möglich wäre, für einen Zweck hätte. Dies musste nun auch Herr Dr. Stanzl zugeben. Und er sagte: »Wir Menschen sind alle nicht imstande, solche Erscheinungen natürlich zu erklären. Alles gegenteilige Gerede der Menschen bleibt ein leeres, blödes Geschwätz.«

Auf dem Heimweg um Mitternacht begleitete ich Herrn Dr. Stanzl ein Stück seines Weges, und dieser sagte nur: »Das werde ich nie vergessen.«

Die Kirche hat ihrerseits in dieser Sache auch Erhebungen gepflogen und auch mich darüber protokollarisch einvernommen. Das Er-

gebnis ist mir nicht bekannt. Den glaubensunsicheren Menschen aber rufe ich aus ganzem Herzen und voll Überzeugung zu: »Seid reisefertig! Denn im letzten Moment einer plötzlichen Reise ins Jenseits kann man nicht mehr alles in Ordnung bringen, und so kommen Seelen, wie unser Freund nicht weiter.«

(Quelle: Eduard Schober: »Blutbann, Wunderglaube und Hexenwahn«, Klagenfurt 1984)

Von der Geisterhütte in Lading sind nur noch kleine Mauerstümpfe vorhanden, die von Unkraut überwachsen sind. Wohin der unglückliche, rebellische Geist verschwunden ist und wo er heute sein Unwesen treibt, ist nicht bekannt.

Salzburg

FESTUNG HOHENWERFEN

Jenseitige Botschaften aus dem Verlies und im Fürstenzimmer

Die Festung Hohenwerfen thront als mittelalterliche Burg auf einem rund 150 Meter hohen Felskegel am nördlichen Ende des Marktes Werfen im Pongau. Sie ist in etwa zur selben Zeit erbaut worden wie die Festung Hohensalzburg in der Stadt Salzburg, nämlich in den Jahren 1075 bis 1078.

Ihr Bau wurde von Erzbischof Gebhard initiiert, möglicherweise um die Rückkehr König Heinrichs IV. aus Italien von seinem Gang nach Canossa, wo er die Lösung vom Kirchenbann erreicht hatte, über Salzburger Territorium zu verhindern. Gebhard stand im damals tobenden Investiturstreit auf der Seite des Papstes und musste somit auch damit rechnen, zum Angriffsziel der kaisertreuen Partei zu werden.

Heinrich IV. wählte dann auch tatsächlich eine andere Reiseroute, nämlich die über den Felbertauern. Allerdings hat der Herrscher sich gerächt: Er ließ das Land mehrmals plündern und vertrieb Gebhard 1077 aus Salzburg. Der kehrte nach dem Exil erst 1086 auf die Festung Hohenwerfen zurück, wo er am 15. Juni 1088 verstarb.

Die Aufgabe der Burg war es zur damaligen Zeit, das Salzachtal zu sperren und die Stadt Salzburg vor Angriffen aus dem Süden zu schützen. Daneben diente sie als zweite Residenz und Jagdschloss der Fürsterzbischöfe.

Erzbischof Konrad I. Graf Abensberg ließ die Burg von 1127 bis 1142 mit Schießscharten, Wehrerker, Zwinger und Flankierungstürmen versehen – ein zeitgenössischer Autor lobte Hohenwerfen als

> *Musterfestung, die jedem Fremden zurufe: »Bis hierher – und nicht weiter!«*

Damals entstand die erste vollendete Burganlage, die auch als Gefängnis diente, danach stellten die Erzbischöfe Salzburgs die Bautätigkeit weitgehend ein.

Anfang des 15. Jahrhunderts ließ Erzbischof Eberhard III. die Wehreinrichtungen der Festung der neu aufgekommenen Artillerie anpassen.

Während der Bauerkriege, im Jahr 1525, wurde Hohenwerfen total verwüstet, im Zuge der Renovierungsarbeiten unter dem Erzbischof Matthäus Lang sind unter anderem das erste Sperrbogengebäude, der Wallerturm und ein überdachter Wehrgang, die so genannte »Finstere Stiege«, entstanden. Bis 1534 hat man aufgrund der drohenden Türkengefahr die Festung verstärkt. Im Jahr 1563 setzte im Auftrag des Salzburger Erzbischofs Johann Jakob Khuen von Belasy unter der Leitung italienischer Spezialisten der Festungsbaukunst die zweite Bauphase ein, *wegen der Rebellen Praktiken in und außer Landes*, wie ein Historiker im Jahre 1565 schrieb. Die Italiener mussten sich verpflichten, nur bestes Baumaterial zu verwenden und etwaige spätere Bauschäden auf eigene Kosten zu reparieren. 1573 ließ Khuen von Belasy den großen Saalbau der Burg errichten. Damals sah Hohenwerfen bereits in etwa so aus wie heute. Die Besatzung bestand aus rund 50 Soldaten mit ihren Familien.

1632 ordnete Kurfürst Maximilian von Bayern die Unterbringung seiner Schätze auf Hohenwerfen an.

Im 17. und 18. Jahrhundert diente die Burg vorwiegend als Zeughaus, außerdem weiterhin als Gefängnis wie schon seit dem 12. Jahrhundert – so musste beispielsweise im Jahr 1198 Erzbischof Adalbert III. zwei Wochen hier im Fall- oder Faulturm verbringen.

Um 1800 wurden alle wertvollen Geschütze von der Burg abtransportiert und die beweglichen Einrichtungsgegenstände versteigert.

Von 1809 bis 1816, als Salzburg zu Bayern gehörte, überließ man Hohenwerfen dem Verfall, sodass die ehemals stolze Festung bald einer Ruine glich, die abgerissen werden sollte. Doch Kaiser Franz I. ordnete 1823 an:

Ich will, dass die Veste Hohenwerfen beibehalten und so, wie sie dermalen ist, dem Militär übergeben werde.

1824 setzte sich Erzherzog Johann, der Bruder des Kaisers, aus nostalgischen Gründen dafür ein, dass die Festung mit beträchtlichen Mitteln wiederhergestellt werden konnte. Nach der Restaurierung ist die Burg vorwiegend als Jagdschloss genutzt worden.

1898 hat Erzherzog Eugen Hohenwerfen erworben, der das Anwesen, das sich zu diesem Zeitpunkt erneut in einem höchst desolaten Zustand befand, zu seinem Fürstensitz ausbauen ließ. 1931 brach im Palas der Burg ein Feuer aus, das einen beträchtlichen Schaden verursachte, der Glockenturm und die etwa 4.400 Kilo schwere »Burgahnl« aus dem 16. Jahrhundert konnten jedoch gerettet werden. An hohen Feiertagen wird die Glocke noch heute geläutet. Eugen setzte die Burg größtenteils wieder instand, veräußerte dafür sogar seine Waffensammlung, musste sie aber 1938 an die nationalsozialistische Gauleitung verkaufen.

Während des Zweiten Weltkriegs wurde Hohenwerfen als Schulungszentrum der NSDAP genutzt, 1945 ging die Burg in den Besitz des Landes Salzburg über, wurde zunächst als Ausbildungszentrum für die Gendarmerie genutzt und ab 1987 für den Tourismus freigegeben. Vorwiegend im Sommer finden hier Konzerte, Burgfeste und Greifvögel-Flugvorführungen des Salzburger Landesfalkenhofes und vieles mehr statt.

Die Festung Hohenwerfen diente mehrmals als Kulisse und Drehort für Spielfilme.

Die beiden bekanntesten Gefangenen der Burg waren der eigenwillige Erzbischof Wolf Dietrich von Raitenau und der sture Bauer Josef Steinwender.

Wolf Dietrich von Raitenau musste auf Betreiben des Bayernherzogs Maximilian I. sein Amt abgeben und war bis zu seinem Tod auf Hohenwerfen eingekerkert. Als Grund dafür wurde sein Fernbleiben von der Katholischen Liga, einem Zusammenschluss katholischer Reichsstände im Vorfeld des 30-jährigen Krieges, genannt, ein weiterer Streitpunkt war der Salzpreis. Da das »weiße Gold« damals in Gegenden ohne Salzbergwerke rar und daher teuer war, verdienten neben den Salzproduzenten auch die Städte viel Geld mit dem Mineral, da sie Zoll an den Transportwegen einnahmen.

Die Inschrift »Lieb' ist Leides Anfang« an einer Wand des Fürstenzimmers, in dem Wolf Dietrich von 11. Oktober bis 16. November 1611 eingesperrt war, bezieht sich auf die Liebe zu seiner Lebensgefährtin Salome Alt, mit der er 15 Kinder hatte und für die er das Schloss Mirabell in Salzburg erbauen ließ. Der Erzbischof hat noch einen weiteren Spruch in die Mauern seines Gefängnisses eingeritzt: »Gibt in der Welt vil Trug – Tue recht und fürcht die Lug. – Damit ward ich betrogen.« Beide Inschriften wurden bei Renovierungsarbeiten zwischen 1824 und 1831 entdeckt, jedoch bei dem Brand im Jahr 1931 zerstört. Heute befindet sich im ehemaligen Fürstenzimmer die Hochzeitskemenate, in der Frischvermählte übernachten können.

Eine beinahe ebenso traurige Geschichte erzählt von dem »stummen Gefangenen« Josef Steinwender, einem Bauern aus Lasaberg im Lungau. Er war während der Verfolgung der Protestanten 1760 bei einem Geheimtreffen der Lutheraner verraten worden, nachdem er verkündet hatte: »Im Lungau wird keiner selig außer mir!« Der Bauer wurde sogleich verhaftet und zu Verhören auf Schloss Moosham gebracht (Spukerscheinungen auf Schloss Moosham siehe Christof Bieberger, Alexandra Gruber, Gabriele Hasmann und Johannes von Herberstein, »Geisterschlösser in Österreich«, Verlag Ueberreuter, Wien 2004). Nach seiner Freilassung outete er sich öffentlich als Lutheraner, woraufhin er in der Burg Hohenwerfen eingesperrt wurde. Weil Josef Steinwender irgendwann von den ständigen Verhören und den Bekehrungsversuchen die Nase voll hatte, sprach er kein einziges Wort mehr. Dadurch konnte er sich davor retten, zum Verräter an seinen Glaubensgenossen zu werden. Steinwender verweigerte die ganze Zeit über auch jeden Kontakt zur Außenwelt, sogar zu seiner Frau und seinen vier Kindern. Erst als seine Kerkerhaft dem Ende zuging, sprach er mit seinem ältesten Sohn, der ihn im Verlies besuchte, um die Erbfolge zu regeln. Der Bauer wollte nach seiner Entlassung jedoch nicht mehr auf seinen Hof zurückkehren, blieb auf Hohenwerfen und arbeitete dort bis zu seinem Tod am 5. Oktober 1782 als Gefangenenwärter.

Neben schweren Schritten und Stimmen von Unsichtbaren, die immer wieder im Gang, in dem auf Burg Hohenwerfen die Greifvögel untergebracht sind, von einigen Falknern gehört werden, melden sich vor allem Erzbischof Wolf Dietrich von Raitenau und Bauer Josef Steinwender aus dem Jenseits zu Wort.

In dem Fürstenzimmer, in dem einst Wolf Dietrich eingesperrt war, soll schon mehrmals der Spruch »Lieb' ist Leides Anfang« für einige Minuten auf der Wand aufgetaucht und danach wieder spurlos verschwunden sein.

Susi, eine 27-jährige Bürokauffrau aus Salzburg, erzählt:

»Ich habe vor drei Jahren geheiratet, und mein Mann Jo und ich hatten uns von meinen Eltern eine Hochzeitsnacht auf Burg Hohenwerfen gewünscht. Nach unserer Feier, die bis 23 Uhr gedauert hat, haben wir uns auf das Zimmer zurückgezogen. Mein Mann war ein wenig angeheitert und übermütig. Er hat mich aufs Bett geworfen und angefangen, mich zu kitzeln. Während ich ihn lachend abzuwehren versuchte, fiel mein Blick auf eine Wand im Raum, auf der stand ›Lieb' ist Leides Anfang‹. Jo hat den Spruch auch gelesen und sich darüber gewundert, immerhin klingt das nicht sonderlich aufbauend für Menschen, die gerade geheiratet haben. Noch während wir rätselten, warum solche Worte in so einem Zimmer an der Wand stehen, verschwand der Spruch vor unseren Augen. Die Schrift verblasste innerhalb weniger Sekunden und war dann einfach weg. Jo glaubte auch, einen Seufzer gehört zu haben, aber ich bin mir da nicht so sicher, ob da tatsächlich etwas zu hören war. Aber der Spruch ist da gewesen, daran besteht kein Zweifel.«

Uschi hat sich im Sommer 2010 ebenfalls auf der Burg aufgehalten, um sich dort ein wenig umzusehen und Aufnahmen zu machen, da ihr zu Ohren gekommen war, dass es auf Hohenwerfen spuken soll. Tatsächlich hatte es sich zugetragen, dass vor einiger Zeit ein junges Mädchen während einer Führung völlig verstört beim Uhrturm zurückgeblieben ist. Man fand sie später total aufgelöst auf einer Treppe sitzend vor. Nachdem sie ihre Tränen getrocknet und ihre Sprache wiedergefun-

Die im 11. Jahrhundert erbaute Festung Hohenwerfen, Salzburg

den hatte, erzählte sie von einer Erscheinung, die beim Turm aufgetaucht war. Sie wusste nicht, ob das Wesen, das sie gesehen hatte, eine Frau oder ein Mann gewesen war, nur dass es nicht von der irdischen Welt gewesen sein konnte. Seit dieser Zeit werden in dem Bereich der Burg keine Führungen mehr veranstaltet.

Uschi berichtete von einem eigenartigen Nebel im Uhrturm, von träge wabernden Schwaden, die sie dort gefilmt hat und die sich durch nichts erklären lassen. Eine menschenähnliche Gestalt konnte sie nicht erkennen. Außerdem war auf dem Aufnahmegerät klar und deutlich ein Kettenrasseln aus dem Verlies zu hören. Ein Angestellter der Burg hat ausgeplaudert, dass sich der »stumme Josef« auch heute noch manchmal bemerkbar macht, indem sein Geist hin und wieder im Kerker, in dem der Bauer so viele Jahre eingesperrt war, an den Ketten reißt.

BURGRUINE PLAIN

Das Kinderskelett im Torturm und der »Wunderberg«

Die Plainburg, wegen ihrer Lage an der alten Salzstraße – einem Handelsweg, auf dem im Mittelalter Salz transportiert wurde – auch »Salzbüchsl« genannt, liegt in Großgmain am westlichen Ausläufer des Untersbergs und ist eine der ältesten Burgruinen in Österreich. Es wird vermutet, dass sich anstelle der heutigen Burg am selben Ort im 10. Jahrhundert eine romanische Befestigungsanlage befunden hat, bereits 1200 v. Chr. haben die Kelten den Berg als Begräbnisstätte genutzt.

Die Plainburg dürfte um 1100 errichtet worden sein. Als Bauherr des Innenhofs und des Torhauses wird Graf Werigand von Plain genannt, der einer Familie entstammte, die schon 800 v. Chr. aus Frankreich eingewandert war.

Im Jahr 1140 erfolgt die erste urkundliche Erwähnung der Burg als »Plagien Castrum«, die bis zum Tod von Werigands Ur-Ur-Enkeln Otto II. und Konrad III. im Jahr 1260, als beide in der Schlacht von Staatz gegen die Ungarn fielen, im Familienbesitz der Plainer Grafen gewesen ist. Da die beiden ohne Nachkommen verstarben, kam die Burg in den Besitz des Erzbistums Salzburg und diente den Fürsterzbischöfen als Landfeste, außerdem dem Schutz des Salzhandelsweges.

In den Jahren 1470 bis 1796 wurde die Plainburg immer wieder umgestaltet, saniert und gesichert, 1744 hat man sie während des Österreichischen Erbfolgekriegs ein letztes Mal mit Militär besetzt. Nachdem der letzte Soldat 1796 ausgezogen war, setzte der endgültige Verfall der Burg ein, den im 19. Jahrhundert weder König Ludwig I. noch Fürst Otto von Bismarck aufhalten konnten.

1809 hat man die letzte Glocke der Burgkapelle vor den anrückenden Franzosen gerettet und sie in die Pfarrkirche von Grödig gebracht.

In den 1970er-Jahren wurde im Zuge von baulichen Sicherungsarbeiten im Turm des Torhauses der Ruine das Skelett eines Kindes gefunden, das dort eingemauert worden war.

Es trug sich einmal zu, so erzählt man sich, dass einem Plain-Grafen ein Sohn geraubt wurde. Der verzweifelte Vater war ganz krank vor Kummer und suchte nach dem Stammhalter, doch das Kindlein tauchte nicht mehr auf. Einige Zeit darauf lud der durch seine Greueltaten im ganzen Salzburgerland bekannte Ritter Wetzel von Glanegg seine Feinde zu einem wahrhaft üppigen Mahl in seine Burg, am Ende der Moosstraße, am Fuße des Untersbergs, ein, um, wie er sagte, nach langer Belagerung und einem erfolglosen Einnahmeversuch seiner Festung durch die Grafen Plain den daraufhin beschlossenen Waffenstillstand zu feiern. Der böse Ritter prahlte recht, als er das üppige Menü auftragen ließ, wollte er doch die Plainer Grafen mit dem Überfluss, der auf Glanegg herrschte, beeindrucken. Zum feinen Mahl floss der Wein in Strömen und schon bald herrschte eine ausgelassene Stimmung – das böse Blut und die alte Feindschaft waren scheinbar vergessen. Auf Befehl des Wetzel von Glanegg brachte nach einiger Zeit ein Diener eine große, verdeckte Schüssel in den Rittersaal, wo das Essen stattfand, und sagte zu einem der Plainer Grafen, dass dieses Gericht der Höhepunkt des Festes sei, das er ihm und den Seinen zu Ehren gegeben hatte, und es nur ihm alleine zustehe. Dabei lachte der böse Ritter hämisch, in seinen Augen blitzte der Hass. Unsicher hob der Graf von Plain den Deckel und sah sein eigenes Kind, zubereitet und garniert wie ein schweinerner Braten, auf der Silberplatte liegen. Der arme Vater wurde beinahe wahnsinnig bei dem Anblick, nahm seinen Sohn unter lautem Wehklagen und Heulen in die Arme, trug ihn zu Fuß im strömenden Regen zurück zu seiner Burg und ließ ihn dort im Tor einmauern.

(Quelle: www.sagen.at)

Als man das kleine Skelett in den 1970er-Jahren fand, glaubte man den Beweis zu haben für diese Erzählung, die man sich von Generation zu Generation in Salzburg erzählte.

Heute sind von der Plainburg nur noch die über fünf Meter hohen und durchschnittlich etwa 1,45 Meter dicken Außenmauern, die von den Plainer Grafen erbaut wurden, der Innenhof und der Eingangsbereich mit dem Torhaus erhalten. Mit der schön angelegten Plattform im Innenhof, von der aus man einen weiten Ausblick über das Land hat, stellt die Ruine ein beliebtes Ausflugsziel dar.

Ebenso wie sich Gerüchte über unterirdische Gänge, die von der Plainburg zu zahlreichen anderen Gebäuden geführt haben sollen, halten, erzählt man sich in der Gegend auch allerlei eigentümliche Geschichten den Untersberg betreffend, der auf der Grenze zwischen Österreich und Deutschland liegt.

Man sagt, dass in den »Wunderberg« schon viele Menschen hineingegangen, aber nie wieder hinausgekommen sind – sie sollen in Zeittunnel geraten und in eine andere Dimension verschwunden sein.

Weiter wird berichtet, dass die Tempelritter im Untersberg eine Komturei errichtet hätten und dort auch eine Erscheinung der Göttin Isais aufgetaucht sein soll. Außerdem, so erzählt man sich, habe bereits Jesus über den Berg berichtet und angeblich wurde auch der Heilige Gral dort überreicht. Jenseits dieser Legenden ist es eine Tatsache, dass sich Hitler im Jahr 1933 um 40.000 Goldmark – es handelte sich dabei um Gelder aus den Tantiemen für sein Buch »Mein Kampf« – ein Haus gegenüber dem Untersberg auf dem Obersalzberg kaufte und dort ein riesiges Fenster mit Blick auf den »Wunderberg« einbauen ließ, weil er offensichtlich alle zuvor erwähnten Geschichten glaubte.

Auch in Deutschland ist der Untersberg als sagenumwobener Ort bekannt. Immer wieder ist in den uralten Überlieferungen die Rede von mächtigen unterirdischen Hallen, aus denen zwölf Geistergänge ins Freie hinausführen. Auch von geheimen Felsentoren wird berichtet sowie von Zwergen, den Urbewohnern des Berges, die schon seit ewigen Zeiten dort hausen.

(Buchtipp: Reinhard Habeck, »Kräfte die es nicht geben dürfte. Irreale Phänomene und Erscheinungen aus aller Welt«, Verlag Ueberreuter, Wien 2010)

Tirol

SOZIAL- UND WIRTSCHAFTSWISSEN-SCHAFTLICHE FAKULTÄT DER UNIVERSITÄT INNSBRUCK

Die ohrfeigende Geisternonne

Wo sich heute die Sozial- und Wirtschaftswissenschaftliche Fakultät der Universität Innsbruck befindet, stand im 17. und 18. Jahrhundert ein Doppelkloster – das »Versperrte Kloster« der kontemplativen Servitinnen, das seinen Namen aufgrund der strengen Klausur bekam, und das »Regelhaus«, eine Art Stift für adelige Damen.

Beide Bauwerke waren von Anna Caterina Gonzaga, der zweiten Ehefrau von Erzherzog Ferdinand II., angeblich nach einer Marienerscheinung am 25.3.1606, gegründet worden. Anna trat 1612 auch selbst, gemeinsam mit ihrer Tochter Maria, als Oberin unter dem Namen Anna Juliana in das Regelhaus ein.

Im Zuge der Reformen von Joseph II. Ende des 18. Jahrhunderts wurden die beiden Häuser geschlossen, da nur diejenigen Klöster weiterbestehen durften, in denen die Nonnen soziale Dienste wie Krankenpflege verrichteten. Die Schwestern und die Frauen aus dem Regelhaus mussten die Einrichtungen verlassen.

Nach dem Auszug der Bewohnerinnen wurden die Gebäude und die dazugehörige Kirche zu einer Kaserne umfunktioniert. Schon bald nach Eintreffen der ersten Soldaten kursierte die Geschichte, dass nachts eine schwarz gekleidete Nonne resoluten Schrittes durch die Gänge des Regelhauses marschiere und die Männer im Haus, die ihr begegneten, ohrfeige. Andere vertrieb sie von ihren Wachposten. Als die beiden Häuser 1844 abgerissen wurden und man auf dem Areal eine neue Kaserne gebaut hatte, erschien die schwarze Nonne auch in dem neuen Gebäude. Möglicherweise handelte es sich bei dem Geist, der wie aus dem Nichts auftauchte und kurz darauf wieder spurlos verschwand, um Anna Caterina Gonzaga.

1851 schrieb das »Innsbrucker Tag-Blatt«:

Es war ein Weib in schwarzer Nonnentracht, kein weißes Fleckchen war an ihr zu sehen; die Arme trug sie über Kreuz, Gesicht und Hände waren gleichfalls schwarz; die Augen waren tief eingefallen, und starrten stier und ausdruckslos vor sich hin.

Hinzu kam in der neu erbauten Kaserne der Geist eines alten Mannes, der mehrmals gesichtet wurde. Er erschien immer wieder und warf Steine auf die Fenster, die dann tatsächlich zerbrachen. Wollte man den Übeltäter fassen, zerfloss seine Gestalt in den Armen der Fänger zu Nebel.

1996 wurde die Kaserne abgerissen und dort der neue Komplex der Sozial- und Wirtschaftswissenschaftlichen Fakultät gebaut. Doch während sich die ohrfeigende Nonne zur Ruhe gesetzt zu haben scheint, ist der »Glas-Geist« offenbar wieder aktiv geworden – bereits im ersten Sommer löste sich aus unerklärlichen Gründen eine große Deckenplatte und fiel zu Boden.

Am 1.8.2000 schrieb die »Tiroler Tageszeitung«:

300 Kilo Glas stürzten vom Dach auf den Boden. Innsbrucker SoWi musste kurzfristig gesperrt werden. Decke fiel – aber nicht auf den Kopf. Nach dem Zersplittern einer acht Quadratmeter großen Scheibe des SoWi-Glasdachs in Innsbruck wird Ursachenforschung betrieben … Scherben bringen nicht nur Glück: Zwar wurde niemand verletzt, als am Sonntag Abend zwischen 18.30 und 19 Uhr eine vier mal zwei Meter große Scheibe des SoWi-Glasdachs zerbrach und in vielen Einzelteilen zehn Meter hinunter auf den Boden des zweiten Stockwerks fiel … Zum Zeitpunkt des Glasbruchs befanden sich einige Universitätsbedienstete im Gebäude. Sekretärin Ellen Palli vom Institut für Politikwissenschaft hatte zuerst ein »lautes Knistern«, dann einen Knall gehört. Nachdem sie die Scherben entdeckt hatte, alarmierte sie die Feuerwehr. SoWi-Dekan Johnren Chen ließ wissen, dass es in letzter Zeit von Fall zu Fall ein »Knistern« gegeben habe … Warum das Glas brach und in die Tiefe stürzte, sei jedoch noch nicht geklärt.

Am 30.8.2001 hieß es in derselben Zeitung:

Glasdach der neuen SoWi splittert schon wieder. Der Ärger mit der gläsernen Dachkonstruktion der Sozialwissenschaftlichen Fakultät in Innsbruck reißt nicht ab. Ein Jahr nach dem Glasbruch ist am Dienstag wieder eine Dachscheibe zersplittert. War im August des Vorjahrs die innere Scheibe eines vier mal zwei Meter großen Deckenelements in unzähligen Splittern zu Boden gestürzt, hat es diesmal die äußere Scheibe erwischt. Sie sei in sich gebrochen, das Sicherheitsglas halte derzeit aber noch in der Verankerung … Ersten Vermutungen zufolge dürfte es sich um einen Materialfehler handeln, hieß es. Ein eingeschlossener Fremdkörper im Glas könnte den Bruch verursacht haben. Vorsorglich wurde von SoWi-Mitarbeitern vorübergehend der Bereich unterhalb der Scheibe abgesperrt. Eine Gefahr habe jedoch nie bestanden, betont Uni-Direktor Friedrich Luhan. »Selbst wenn die Hälfte aller Scheiben zugleich brechen, würde sie das Sicherheitsnetz halten.« Das Netz war nach dem Glasbruch vergangenes Jahr angebracht worden. »Ich habe keine Freude mit diesen permanenten Zufällen«, schimpft Luhan.

Am 20.6. 2002 konnte man folgenden Artikel in der »Tiroler Tageszeitung« lesen:

Drittes Glas gebrochen – Bauträger spricht von Spontanbruch. Scheibe des SoWi-Dachs ging erneut zu Bruch. Aller guten Dinge sind drei: Mittwoch Nachmittag zerbarst zum dritten Mal eine Scheibe des SoWi-Dachs. Gegen 16 Uhr wurde der Hausmeister der Sozialwissenschaftlichen Fakultät von einem Studenten über den Scheibenbruch informiert … Nach ersten Erkenntnissen weist die Scheibe dasselbe Bruchbild auf wie jene, die zuletzt in Scherben aufgegangen war. Nowak vermutete einen Spontanbruch als Ursache für den Defekt. »Hohe Temperaturen begünstigen Spontanbrüche. Wir haben alles unter Kontrolle, es besteht keine Gefahr für die Studenten.« Laut No-

Die Sozial- und Wirtschaftswissenschaftliche Fakultät der Universität Innsbruck, Tirol

wak könnten nach heutigem Stand der Technik solche Spontanbrüche auch noch acht Jahre nach Fertigstellung erfolgen … Insgesamt sind seit Eröffnung der SoWi drei Scheiben zerborsten … Nowak betont einmal mehr, dass kein Planungs-, Bauleitungs- oder Ausführungsfehler bestehe. »Das gesamte Dach wurde ja von zwei Gutachtern unter die Lupe genommen, jede Fuge kontrolliert.«

Am 18.9.2002 stand in der Zeitung:

Wie verhext: SoWi erneut in Scherben. Erneut Scherben auf der SoWi in Innsbruck: Im Brüstungsbereich brach ein Fassadenteil. Zur Vorsicht wurde die Umgebung abgesperrt … Diesmal ging ein Glasteil der Fassade der Sozial- und Wirtschaftswissenschaftlichen Fakultät zu Bruch. Das Glas blieb, obwohl zersplittert, im Rahmen … Als Ursache kommt für Raimund Nowak von der ARGE-Bauträger Raiffei-

sen/ATP viel in Frage: »Entweder wurde die Scheibe von außen beschädigt, was bei Reinigungsarbeiten passiert sein kann oder durch einen Steinwurf. Es könnte sich aber auch um einen Spontanbruch handeln, der bei diesen Gläsern vorkommen kann.«

Doch es herrschte auch weiterhin keine Ruhe – am 18.5.2007 hieß es:

Die Glasbrüche an der SoWi reißen nicht ab!

Vor etwa zwei Jahren erhielt die Wirtschaftswissenschaftliche Fakultät der Universität Innsbruck endlich eine neue Verglasung, die eingebauten Isolierscheiben wurden komplett ausgetauscht und durch eine neue Konstruktion ersetzt. Es bleibt zu hoffen, dass sich der »Glas-Geist« nun endlich von der SoWi fernhält.

QUELLEN

ALLGEMEIN
www.wikipedia.at – freie Online-Enzyklopädie
www.aeiou.at – österreichisches Wissensnetz

WIEN
Bouchal, Robert und Sachslehner, Johannes: »Mystisches Wien. Verborgene Schätze, versunkene Welten, Orte der Nacht«, Wien 2004
Dahl, Matthias: »Die Tötung behinderter Kinder in der Anstalt ›Am Spiegelgrund‹ 1940 bis 1945«, in: Gabriel, Eberhard und Wolfgang Neugebauer (Hg.), NS-Euthanasie in Wien, Wien 2000, S. 75–92
Edelmann, Gabriele: »Zurschaustellungen von ›Abnormitäten‹ und ›Freaks‹ in Wien. Eine Untersuchung der Aufführungspraxis von Prodigien«, Diplomarbeit, Wien 2009
Gothic-Magazin 52/2006, »Wien und der Tod – die morbiden Seiten Wiens«
Hasmann, Gabriele: »Die geheime Geschichte von Österreichs Kulturdenkmälern, Band 1: Der Stephansdom«, Wien 2011
Hormayr, Joseph Freiherr von: »Wien, seine Geschicke und seine Denkwürdigkeiten«, Wien 1824 (Verlag der Franz Härter'schen Buchhandlung)
Lukacs, Gabriele: »Unheimliches Wien: Gespenstische Orte, Schaurige Labyrinthe: Gruselige Orte, Schaurige Gestalten, Okkulte Experimente«, Wien 2010
Meijl, Pater Dr. Peter van, in: »Zur Theologie und Katechese der Michaelergruft«, Wien 2010
Regal, Wolfgang und Nanut, Michael: »Das Panopticum und Menschenmuseum des Hermann Präuscher im Prater«, in: Ärztewoche, 20. Jg./Nr. 49, 2006
Reichenbach, Karl Ludwig Freiherr von: »Wer ist sensitiv, wer nicht? Oder kurze Anleitung, sensitive Menschen mit Leichtigkeit zu finden«, Wien 1865 (Wilhelm Braumüller, k. k. Hofbuchhändler)
Roth, Gerhard: »Eine Reise in das Innere von Wien«, Frankfurt am Main 1991
Schilddorfer, Gerd und Weiss, David: »Ewig«, München 2009
Sinhuber, Bartel F.: »Zu Besuch im alten Prater. Eine Spazierfahrt durch die Geschichte«, Wien 1993
Wiener Bezirksblatt – diverse Ausgaben
Wiener Zeitung, 3. September 1796

www.antonbruckner.at
www.austria-lexikon.at
www.cobenzl.at/schloss/geschichte
www.gedenkstaettesteinhof.at
www.gruft-der-vampire.de/galerie
http://gutenberg.spiegel.de/buch/1097/2
www.himmel.at/new/index.php/SisiKapelle
www.ki3.at/bezirksinfo_ge_bau_19.htm
www.klahrgesellschaft.at/Buecher/Gruppe40.html#Hinrichtungen
www.lebendige-ethik.net/de/3-Reichenbach_Odisch-magn_Briefe_de
www.lebensunwert.at/ns-euthanasie/am-spiegelgrund
www.loecker.at/docs/HehenberUnkeusch

www.members.aon.at/godot/Cobenzlakt
www.michaelerkirche.at
www.musikverein.at
www.nadir.org/nadir/periodika/tatblatt/87gross.htm
www.pm-magazin.de/r/mensch/wenn-grufties-zu-kronzeugen-werden
www.prater.at
www.spiegelgrund.at
http://text.habsburger.net
www.viennatouristguide.at
www.wien-vienna.at

NIEDERÖSTERREICH

Apicius, Marcus Gavius De re coquinaria (Über die Kochkunst), Buch 5,2,2, Ausgabe Reclam, hg. von Robert Maier, Stuttgart 1991

Benz, Wolfgang und Distel, Barbara: »Ort des Terrors – Geschichte der nationalsozialistischen Konzentrationslager«, München 2006

Čermák Josef und Martin Svatoš (Hg.): »Franz Kafka – Briefe an die Eltern aus den Jahren 1922–1924«, Frankfurt am Main 1993

Kafka, Franz, »Er, Prosa von Franz Kafka, Auswahl und Nachwort von Martin Walser«, Frankfurt am Main 1963

Kafkas Tagebücher:

Koch, Hans-Gerd (Hrsg.): »Tagebücher Band 1: 1909–1912 in der Fassung der Handschrift«, Frankfurt am Main 1994

Koch, Hans-Gerd (Hrsg.): »Tagebücher Band 2: 1912–1914 in der Fassung der Handschrift«, Frankfurt am Main 1994

Koch, Hans-Gerd (Hrsg.): »Tagebücher Band 3: 1914–1923 in der Fassung der Handschrift«, Frankfurt am Main 1994

Klose, Karl und Kraupp Josef: »Straßen, Gassen und Plätze der Kurstadt Baden bei Wien«, Hg. Stadtgemeinde Baden, Baden 1960

www.alpen-info.de/html/body_baden_bei_wien.html
http://bda.at/text/136/1124/5595/
http://bda.at/dossier/9466/Kartause-Mauerbach-Die-Moenche
www.carnuntum.co.at
http://derstandard.at/1304554502639/Kafka-in-Kierling-Siechtum-prolongiert
http://geschichte.landesmuseum.net
http://homepage.univie.ac.at/werner.haas/1924.htm
www.judeninkrems.at
www.lookover.at
www.mauthausen-memorial.at
http://no-racism.net
http://oe1.orf.at/artikel/213069
www.quarz-roggendorf.at
www.seegrotte.at
www.spiegel.de/spiegel/print/d-13510169.html
http://web2.login-12.hoststar.at/ueber_uns.htm

OBERÖSTERREICH
Haider, Siegfried: »Geschichte Oberösterreichs«, Wien 1987

www.burgen-austria.com
www.fadinger.trachtler.at
www.volksliederarchiv.de

STEIERMARK
Ruff, Margarethe: »Zauberpraktiken als Lebenshilfe – Magie im Alltag vom Mittelalter bis heute«, Frankfurt am Main 2003
Hohenwarter, Peter, »Unsere Experimente mit dem Grazer Medium Maria Silbert«, Neue Wissenschaft 9/1960, Heft 1, S. 2–18
Sekanek, Rudolf: »Mutter Silbert. Ein Opfergang. Tatsachen, Berichte, Urkunden«, in: Der Leuchter, Remagen 1959
Zöllner, Friedrich: »Wissenschaftliche Abhandlungen«, 4 Bände, Leipzig 1878–1881

www.austria-lexikon.at/af/Wissenssammlungen/Damals_in_der_Steiermark/Seherin_von_Waltendorf
wwwg.uni-klu.ac.at/kultdoku/kataloge/23/html/2014.htm
www.vulkanland.at/de/steirisches-vulkanland/hexenprozesse/www.wegbegleiter.ch/wegbeg/silbertm.htm

BURGENLAND
Dreo, Harald und Gmasz, Sepp: »Volksmusik im Burgenland«, Wien 1997
Roth, Gerhard: »Eine Reise in das Innere von Wien«, Frankfurt am Main 1991
www.byc.at/neusiedler_see/chronik

KÄRNTEN
Schober, Eduard: »Blutbann, Wunderglaube und Hexenwahn«, Klagenfurt 1984
www.geocaching.com

SALZBURG
www.burgen-austria.com
www.lungau.de/sagenwelt/winkelwelt/w_231.htm
www.max-gandolph.magix.net/website/meine_besucher.13.html
www.sagen.at
www.salzburg-burgen.at
www.traunsteiner-tagblatt.de
www.wfg-gk.de/mystik21.html

TIROL
Tiroler Tageszeitung
www.sagen.at
http://tirv1.orf.at/

Stand der angegebenen Internetseiten: Oktober 2011

DANK

Unser Dank gilt allen InterviewpartnerInnen,
Mag. Sabine Angela Patek-Bacher für etliche Artikel aus dem Archiv der *Tiroler Tageszeitung*,
Gabriele Edelmann für die Zusendung etlicher Artikel des *Wiener Bezirksblatts*,
Dr. Rudolf Maurer für historische Details zum Badener »Pestfriedhof«
sowie Dietmar Hepp für die Bearbeitung der Fotos.

BILDNACHWEIS

Fotos: Ursula Hepp; mit Ausnahme von:
S. 145: www.wikipedia.org / NeuUrfahraner
S. 195: www.wikipedia.org / Sir James
S. 203: www.wikipedia.org / Mathias Bigge